Dr. Wolfgang Reichel

Psychologische Eignungstests

Wozu sie eingesetzt werden
und was den Bewerber erwartet

ETB
ECON Taschenbuch Verlag

CIP-Titelaufnahme der Deutschen Bibliothek

Reichel, Wolfgang:
Psychologische Eignungstests: Wozu sie eingesetzt werden und
was den Bewerber erwartet / Wolfgang Reichel. – Orig.-Ausg. –
Düsseldorf: ECON Taschenbuch Verl., 1990
(ETB; 21080: ECON Praxis Beruf)
ISBN 3-612-21080-7
NE: GT

Originalausgabe

© ECON Taschenbuch Verlag GmbH, Düsseldorf
Januar 1990
Umschlaggestaltung: Ludwig Kaiser
Satz: Formsatz GmbH, Diepholz
Druck und Bindearbeiten: Ebner Ulm
Printed in Germany
ISBN 3-612-21080-7

Inhaltsverzeichnis

Vorwort

Wer sich um eine attraktive Stelle bewirbt, muß häufig mit starker Konkurrenz rechnen. Die herkömmlichen Verfahren zur Personalauswahl, wie beispielsweise die Auswertung der Bewerbungsunterlagen oder das Vorstellungsgespräch versprechen nicht den gewünschten Erfolg und werden zudem in hohem Maße durch subjektive Einflüsse bestimmt. Um eine objektive Auswahl zu erreichen, werden daher von Unternehmen psychologische Eignungstests eingesetzt. Besonders bei großen Bewerberzahlen erleichtern sie die Auswahl geeigneter Mitarbeiter erheblich und tragen dazu bei, Personalentscheidungen zu verbessern.

In der Öffentlichkeit herrschen über Testverfahren meistens falsche Vorstellungen. Häufig werden Testverfahren von Nichtpsychologen unsachgemäß eingesetzt und die Ergebnisse unkritisch interpretiert. Auch die Autoren von sogenannten Testknackern tragen zu einer massiven Verunsicherung der Leser bei. Statt sachliche Informationen über psychologische Tests zu geben, profitieren sie von einer pauschalen und unqualifizierten Verunglimpfung dieser Auswahlverfahren. Damit erzeugen sie Angst und Mißtrauen bei den Lesern und verhindern eine natürliche Einstellung gegenüber Tests. Einen Nutzen haben solche Testknacker kaum, eine Erhöhung seiner Kompetenz kann der Leser dadurch nicht erzielen.

Gute Bücher mit sachgerechten Informationen über psychologische Testverfahren gibt es für den psychologischen Laien kaum. Dieses Buch soll hier Abhilfe schaffen.

Es versorgt Sie in verständlicher Weise mit allen wesentlichen Informationen, die Sie als Bewerber über psychologische Tests wissen sollten. Sie erfahren, was Sie bei Testuntersuchungen erwartet und erhalten nützliche Ratschläge für Ihre Vorbereitung. Mit diesem Wissen sind Sie für zukünftige Eignungstests bestens gerüstet.

Einleitung und Überblick

Psychologische Testverfahren werden immer häufiger bei der Personalauslese in Wirtschaft und Verwaltung eingesetzt. Während man sich früher bei der Bewerberauswahl im wesentlichen auf die Bewerbungsunterlagen und das Vorstellungsgespräch verlassen hat, gewinnen heute Testverfahren zunehmend an Bedeutung. Besonders bei begehrten Ausbildungsplätzen und Stellen muß man mit einem Test rechnen. Allerdings wissen die wenigsten genau, was sie bei einem Test erwartet, was überhaupt ein psychologischer Test ist, warum er eingesetzt wird und was man damit messen kann. Für viele ist die Testsituation deshalb undurchsichtig oder geheimnisvoll.

Dieses Buch gibt Ihnen ausführliche Informationen über alles, was Sie als Bewerber über Tests wissen müssen, um Testsituationen erfolgreich zu bestehen. Zuerst wird erklärt, was ein psychologischer Eignungstest ist, warum er eingesetzt wird, welche Vorteile er gegenüber anderen Auswahlverfahren bietet und was man damit messen kann. Sie bekommen einen guten Überblick über die gängigen Testverfahren mit kurzen Beschreibungen und lernen die unterschiedlichen Aufgabentypen kennen. Damit Sie Tests besser beurteilen können, werden die wissenschaftlichen Anforderungen an Testverfahren und die einzelnen Schritte der Testkonstruktion dargestellt.

Die Auswertung und Interpretation eines Tests werden erläutert und ein Beispiel für ein psychologisches Gutachten vorgestellt. Weiterhin werden die rechtlichen Probleme bei der Anwendung von Tests behandelt: Welche Fragen oder

Tests sind unzulässig, weil sie die Privatsphäre verletzen und was muß sonst noch bei der Testung beachtet werden? Sie bekommen Tips und Ratschläge für die richtige Testvorbereitung und Bearbeitung von Testaufgaben.

In einem eigenen Kapitel wird das Personalauswahlverfahren »Assessment-Center«, das besonders bei der Beurteilung und Auswahl von qualifizierten Fach- und Führungskräften angewendet wird, ausführlich dargestellt. Den letzten Teil des Buches bildet ein Testheft, in dem eine Testsituation simuliert wird. Dieser Test bietet Ihnen die Möglichkeit, Ihre Leistung zu überprüfen und durch Training zu verbessern.

Psychologische Eignungstests

Was ist ein psychologischer Test?

Der Begriff Test kommt aus dem Lateinischen (testimonium) und bedeutet Zeugnis, Beweis, Prüfung, Probe. Wie man in alten Märchen, Sagen und Geschichten nachlesen kann, wurden solche Prüfungen, die sich auf Mut, Tapferkeit und Geschicklichkeit beziehen, schon immer durchgeführt.

Von dieser umgangssprachlichen Bedeutung unterscheidet man den wissenschaftlichen Testbegriff. Nach der allgemein anerkannten Definiton von Lienert (1961) ist ein Test »ein wissenschaftliches Routineverfahren zur Untersuchung eines oder mehrerer empirisch abgrenzbarer Persönlichkeitsmerkmale, mit dem Ziel einer möglichst quantitativen Aussage über den relativen Grad der individuellen Merkmalsausprägung«.

Nach dieser Definition ist ein psychologischer Test also durch folgende Merkmale gekennzeichnet:

- er ist ein nach wissenschaftlichen Kriterien entwickeltes Verfahren,
- er ist routinemäßig, d. h. wiederholt unter Standardbedingungen durchführbar,
- er ermöglicht die relative Positionsbestimmung einer Person innerhalb einer bestimmten Gruppe,
- er untersucht empirisch abgrenzbare Merkmale, d. h. Eigenschaften und Fähigkeiten, die beobachtbar sind und gemessen werden können.

Was das im einzelnen bedeutet, wird Ihnen später noch weiter erläutert. Aber schon jetzt kann man sagen, daß ein großer Teil der bei der Bewerberbeurteilung üblichen Testverfahren nach dieser Definition keine Tests im wissenschaftlichen Sinne sind.

Zum besseren Verständnis kann man die wissenschaftliche Definition eines Tests auch etwas einfacher formulieren. Danach ist ein psychologischer Test ein nach wissenschaftlichen Kriterien entwickeltes Verfahren zur Messung der Ausprägung bestimmter Persönlichkeits- und Verhaltensmerkmale. Jeder Test besteht aus Aufgaben und Fragen. Aus der Art und Weise der Beantwortung sind Rückschlüsse darüber möglich, wie sich die Teilnehmer voraussichtlich bei vergleichbaren Anforderungen in realen Alltagssituationen verhalten werden.

In diesem Buch werden nur die psychologischen Testverfahren behandelt, die bei Eignungs- und Einstellungsuntersuchungen im Berufsleben angewendet werden. Eignungstests werden zur Auswahl geeigneter Bewerber und zur Prognose des Berufserfolgs eingesetzt. Im Vordergrund steht hier die Frage, wer für einen bestimmten Arbeitsplatz geeignet ist oder welche Bewerber die Anforderungen am besten erfüllen. Dabei sollte man festhalten, daß der psychologische Test nie allein ausschlaggebend für die Einstellung ist, sondern dazu dient, Personalauswahlentscheidungen zusätzlich abzusichern.

Warum werden Tests eingesetzt?

Wenn Unternehmen bei der Bewerberauswahl psychologische Tests immer häufiger einsetzen, muß es dafür Gründe geben. Psychologische Testverfahren sollen die Auswahl von Bewerbern erleichtern und Personalentscheidungen sicherer machen. Das Interesse von Firmen an qualifizierten Auswahlverfahren ist wegen der steigenden Personal- und Ausbildungskosten sehr hoch.

Der Einstellungstest soll Auskunft darüber geben, welche Bewerber die Anforderungen eines bestimmten Arbeitsplatzes erfüllen können. Durch den Testeinsatz sollen die ungeeigneten Bewerber ausgeschieden und die Zahl der Bewerber auf einen kleinen Kreis reduziert werden, der in die engere Wahl kommt. Besonders die größeren Unternehmen werden heute mit einer Flut von Bewerbungen für Ausbildungs- und Arbeitsplätze konfrontiert. Testverfahren erleichtern dabei die Auswahl beträchtlich.

Es kommt hinzu, daß man sich auf die Auswertung der Bewerbungsunterlagen heute nicht mehr verlassen kann. Schulzeugnisse und Ausbildungsabschlüsse geben oft keine verläßlichen Informationen über die Fähigkeiten und Kenntnisse eines Bewerbers. Die Transparenz auf dem Bildungssektor ist stark zurückgegangen. Die Vergleichbarkeit von Zeugnisnoten ist besonders wegen der unterschiedlichen Schultypen und der Unterschiede zwischen den Bundesländern kaum noch gegeben. Ähnliches gilt für die anderen Bildungseinrichtungen und im Hochschulbereich. Tests geben dagegen allen Bewerbern die gleichen Chancen und ermöglichen eine objektivere Auswahl. Außerdem kann man mit einem Test auch Merkmale messen, die in den Zeugnissen nicht zum Ausdruck kommen.

Psychologische Eignungstests vermindern somit die Gefahr von personellen Fehlentscheidungen ganz erheblich. Das einstellende Unternehmen will mit Hilfe der Tests erreichen, daß die richtigen Leute am richtigen Platz beschäftigt werden, um damit die Voraussetzungen für eine hohe Arbeitszufriedenheit zu schaffen und unnötige Ausbildungskosten zu vermeiden. Andererseits helfen Tests dem Bewerber, den richtigen Arbeitsplatz zu finden, der seinen Fähigkeiten und Kenntnissen entspricht. Denn es kann für ihn nicht sinnvoll sein, wenn er eine Stelle bekommt, wo er aufgrund mangelnder Fähigkeiten und Interessen nur Mißerfolge und Unzufriedenheit erlebt.

Tests sind zudem eine sehr ökonomische Methode der Informationsgewinnung, denn sie helfen, Zeit und Kosten zu sparen, die entstehen, wenn man alle Bewerber zu einem persönlichen Gespräch einladen würde. Zwar ermöglichen Tests keine absolut treffsichere Auswahl, aber sie verbessern die Informationsgrundlagen bei der Personalauswahl beträchtlich und tragen damit zur Vermeidung der erheblichen Folgeprobleme von Fehlbesetzungen bei.

Zur Kritik an Tests

An psychologischen Eignungstests wird immer wieder Kritik geübt. Man zweifelt ihre Aussagefähigkeit an, man befürchtet, daß sie ein falsches Bild vom Menschen zeichnen. Kritische Einstellungen gegenüber Tests sind sicherlich dann berechtigt, wenn es sich um selbstkonstruierte Tests handelt, die den wissenschaftlichen Anforderungen nicht genügen oder wenn Testverfahren von Nicht-Psychologen durchgeführt werden. Leider sieht es in der betrieblichen Praxis teilweise so aus, daß unseriös durchgeführte Eignungstests an der Tagesordnung sind, um die Kosten fachgerechter Einstellungsuntersuchungen zu sparen. Die unqualifizierte und laienhafte Anwendung hat wesentlich dazu beigetragen, Eignungstests in der Öffentlichkeit in Mißkredit zu bringen. In diesem Buch werden die Anforderungen an einen guten Test und die rechtlichen Probleme bei der Testanwendung ausführlich erläutert.
Die Vorbehalte gegenüber sorgfältig konstruierten Tests, die die wissenschaftlichen Voraussetzungen erfüllen, lassen sich jedoch nicht aufrechterhalten und beruhen in den meisten Fällen auf Unkenntnis. Viele der gegen die Anwendung von Tests vorgebrachten Argumente sind völlig unsachlich und kommen von Leuten, die aus ideologischen und emotionalen Gründen psychologische Eignungstests generell ablehnen. Zwar haben Tests noch manche Schwächen aufzuweisen, aber wenn sie richtig eingesetzt werden, sind sie anderen Auswahl- und Prognosemethoden in vieler Hinsicht überlegen.

Die Messung der Persönlichkeit

Tests sind Verhaltensstichproben

Wie umfassend ist nun das Bild, das der Psychologe von der Persönlichkeit eines Menschen bei der Testung gewinnt?

Häufig wird ein psychologischer Test auch als eine Verhaltensstichprobe definiert, aus der man Aussagen in bezug auf Verhaltensweisen im Alltag ableiten kann, wie z. B. die Höhe der Intelligenz.

Aus dieser Definition geht hervor, daß ein psychologischer Test nur eine Stichprobe des menschlichen Verhaltens erfaßt. Das bedeutet, daß mit Hilfe eines Tests nur ein begrenzter Ausschnitt aus der Vielfalt menschlichen Verhaltens und Handelns beobachtet und gemessen werden kann. Somit kann der Test erstens nur Aussagen zu dem Verhaltensbereich machen, der damit überprüft wird, z. B. die Konzentrationsfähigkeit oder das schlußfolgernde Denken. Zweitens ist der Test auch unter zeitlichen Gesichtspunkten eine Stichprobe, denn seine Aussagen können sich nur auf den jeweiligen Testzeitpunkt beziehen.

Mit einem Eignungstest versucht man, den Bereich des Verhaltens und der Persönlichkeit zu erfassen, der für den Berufserfolg von Bedeutung ist. Damit die Testergebnisse verwendet werden können und brauchbare Prognosen liefern, muß man allerdings sicherstellen, daß die Auswahl der Verhaltensstichprobe so wenig wie möglich verzerrt ist.

Was ist überhaupt Persönlichkeit?

Es wurde schon mehrfach gesagt, daß mit einem psychologischen Test die Persönlichkeit erfaßt oder Persönlichkeitsmerkmale gemessen werden sollen. Aber was ist überhaupt Persönlichkeit?

Im populären Sprachgebrauch ist Persönlichkeit eine Eigenschaft, die z. B. bekannte Filmschauspieler, Popstars oder beliebte Politiker haben. Sie ist verbunden mit Attraktivität, Charme, Ausstrahlung. Psychologen verwenden das Wort in einem allgemeineren, neutralen Sinn. Sie verstehen darunter all das, was einen Menschen charakterisiert. Als Persönlichkeit kann man danach die Summe der charakteristischen Verhaltensweisen eines Menschen im Umgang mit anderen bezeichnen.

Jeder Mensch hat sein eigenes System und seine eigenen Theorien, um andere zu beurteilen und ihre Persönlichkeit einzuschätzen. Dabei bedienen sie sich derselben Informationsquellen, die auch Psychologen benutzen, wenn sie wissenschaftliche Persönlichkeitstheorien entwickeln. Die Quellen sind biographische Daten, gegenwärtige Verhaltensmuster, Gewohnheiten, Interessen, Einstellungen, Zielsetzungen, Erwartungen. Der Hauptunterschied liegt darin, daß unsere naiven Theorien weitgehend auf Vermutungen und Intuition beruhen, während Persönlichkeitstheoretiker objektivere Verhaltensweisen und Meßinstrumente entwickelt haben, auf die sie ihre Persönlichkeitsbeurteilungen stützen.

Voraussetzung für die Beurteilung der Persönlichkeit ist eine gewisse Konsistenz im Verhalten. Wenn wir andere charakterisieren, gehen wir davon aus, daß bestimmte Eigenschaften und Verhaltensweisen über unterschiedliche Situationen hinweg gleichbleiben. Erst diese Beständigkeit ermöglicht es uns, andere zu charakterisieren und wiederzuerkennen. Die verschiedenen Persönlichkeitstheorien unterscheiden sich beträchtlich darin, wie sie diese Konsistenz im Verhalten beschreiben und erklären.

Zur systematischen Messung der Persönlichkeit wurden die psychologischen Testverfahren entwickelt. Dabei lassen sich zwei Gruppen unterscheiden: Die einen werden vorwiegend quantitativ ausgewertet (wie viele Aufgaben wurden richtig gelöst?), die anderen liefern ein qualitatives Ergebnis (was haben Sie sich bei den Antworten gedacht?).

Die quantitativen Verfahren wurden besonders von Eigenschaftstheoretikern entwickelt. Nach ihren Vorstellungen bilden die Eigenschaften die grundlegenden Einheiten der Persönlichkeitsstruktur und bestimmen das Verhalten in charakteristischer Weise. Die von ihnen entwickelten psychologischen Testverfahren ermöglichen eine quantitative Bestimmung folgender Faktoren: Eigenschaften, Fähigkeiten, Fertigkeiten, Kenntnisse, Temperament, Bedürfnisse, Werthaltungen, Einstellungen, Interessen, Konflikte.

Die qualitativen Methoden kommen besonders bei Psychoanalytikern zum Einsatz. Sie interessieren sich eher für die tieferen Schichten der Persönlichkeit, wobei sie davon ausgehen, daß unser Handeln und unsere Persönlichkeit in hohem Maße durch unbewußte Prozesse bestimmt wird. Mit Hilfe von projektiven Testverfahren versuchen sie, diese Bereiche anzusprechen und so die Einstellungen, Bedürfnisse, Motive, Gefühle, Konflikte, Ängste und andere dominante Merkmale einer Person aufzudecken.

Ein wichtiges Persönlichkeitsmerkmal: die Intelligenz

Ein ganz wesentliches Merkmal, das durch Tests untersucht wird, ist die Intelligenz. Jeder von uns kennt Menschen, die er als mehr oder weniger intelligent bezeichnet. Dabei haben wir immer bestimmte Verhaltensweisen vor Augen, aus denen wir auf Intelligenz schließen. So nehmen wir an, daß jemand intelligent sei, wenn er schwierige Probleme lösen kann, wenn ein Schüler sehr gute Abiturnoten hat oder wenn jemand erfolgreich im Beruf ist.

Eine eindeutige Definition von Intelligenz gibt es nicht. Dies mag vielleicht seltsam erscheinen, wenn man bedenkt, daß schon seit Beginn dieses Jahrhunderts Intelligenztests konstruiert und angewendet werden. Aber die Definitionen in der Fachliteratur unterscheiden sich ebenso wie die verschiedenen Modelle zur Messung der Intelligenz. Allgemein gehört zur Intelligenz, daß man

- Beziehungen und Zusammenhänge zwischen Sachverhalten, Begriffe und Symbole erkennen kann,
- daraus logische Schlüsse ziehen kann,
- mit dieser Fähigkeit Problemlösungen in neuen Situationen finden kann.

W. Stern definiert Intelligenz als »die allgemeine Fähigkeit, sein Denken bewußt auf neue Forderungen einzustellen«, sie ist nach seiner Vorstellung »geistige Anpassungsfähigkeit an neue Aufgaben und neue Bedingungen des Lebens«. Bei der Intelligenz handelt es sich nicht um einen allgemeinen Faktor, sondern sie setzt sich aus mehreren, relativ voneinander unabhängigen geistigen Fähigkeiten zusammen, die man auch als Dimensionen der Intelligenz bezeichnen kann. So ist allgemein bekannt, daß jemand in einem Bereich sehr intelligent handeln, dagegen in anderen Bereichen ziemlich versagen kann. Beispielsweise gibt es Wissenschaftler, die auf ihrem Fachgebiet zwar große Leistungen vollbringen, sich dagegen im Alltagsleben manchmal sehr dumm verhalten.

Ein Intelligenztest besteht daher in der Regel aus einer Kombination von Einzeltests, einer sogenannten Testbatterie, womit die verschiedenen Merkmalsbereiche der Intelligenz untersucht werden sollen: Auffassungsgabe, analytisches Denken, logisches Kombinieren, Merkfähigkeit, Rechenfähigkeit, räumliches Vorstellungsvermögen usw.

Mit den bisher entwickelten Intelligenztests kann man allerdings nur einen Teil der intellektuellen Fähigkeiten messen. Der Bereich der Intelligenz, der im praktischen Handeln und Problemlösen in Alltagssituationen zum Ausdruck kommt, wird durch die gängigen Tests gar nicht oder nur unzureichend erfaßt.

Überwiegend wird in den heutigen Intelligenztests erworbenes Wissen abgefragt. Daher hängen die Testleistungen in hohem Maße mit Schulerfolg und Schulleistungen zusammen. Wissen ist sicherlich eine grundlegende Voraussetzung für den beruflichen Erfolg, und es wird wohl niemand bestreiten, daß relevantes Wissen ein wesentlicher Faktor für intelligente Problemlösungen ist, wenn man es situationsgerecht abrufen und einsetzen kann. Andererseits können für den Erfolg im Berufs- und Alltagsleben auch noch andere Faktoren von Bedeutung oder sogar entscheidend sein, wie beispielsweise das Merkmal »Kreativität« oder der Bereich »soziale Intelligenz«, der erst im zwischenmenschlichen Verhalten zum Ausdruck kommt.

Festzuhalten bleibt, daß ein Intelligenztest nicht die Intelligenz an sich mißt, sondern eine Testleistung, die jemand zu einem bestimmten Zeitpunkt in einer bestimmten Testsituation erzielt. Er sagt nichts darüber aus, wie die Leistungsresultate zustande gekommen sind und welche kognitiven Prozesse beim Lösen der Aufgaben abgelaufen sind. Weiterhin wird die Testleistung von Faktoren wie Motivation, gesundheitliche Verfassung und den Testeigenschaften selber beeinflußt. Eine niedrige Testleistung braucht daher nicht unbedingt dem tatsächlichen Intelligenzniveau zu entsprechen.

Die Aufgaben eines Intelligenztests spiegeln immer kulturelle Anforderungen wider. In den verschiedenen Tests werden jeweils die Merkmale untersucht, die nach Meinung des Testautors zu den wesentlichen Intelligenzdimensionen gehören. Durch die Auswahl seiner Aufgaben legt der Autor fest, was er unter Intelligenz versteht. Ein Testergebnis läßt sich somit nur im Zusammenhang mit dem jeweiligen Test sinnvoll interpretieren, mit dem es ermittelt wurde.

Gewöhnlich wird das Ergebnis des Intelligenztests in einen

Normwert umgerechnet, der als Intelligenzquotient (IQ) bezeichnet wird. Dieser Wert gibt das relative Niveau der Intelligenz im Vergleich zu einer bestimmten Bezugsgruppe an. Der Mittelwert des IQ liegt bei 100 Punkten und entspricht bei Erwachsenen der durchschnittlichen Intelligenzleistung der erwachsenen Bevölkerung, bei Kindern der durchschnittlichen Intelligenz von Gleichaltrigen.

Zwei Menschen mit gleichem IQ können sich in der Zusammensetzung ihrer geistigen Fähigkeiten und Begabungen stark unterscheiden. Deshalb kann man mit dem Ergebnis eines Intelligenztests erst etwas anfangen, wenn nicht nur ein IQ angegeben wird, sondern die einzelnen Testleistungen in einem Profil dargestellt werden, welches Aufschluß über die Intelligenzstruktur gibt.

Was bedeutet Messen bei psychologischen Tests?

Betriebe wollen durch den Einsatz von Tests herausfinden, welche Eigenschaften, Fähigkeiten und Kenntnisse Bewerber für die angestrebte Ausbildung oder Stelle mitbringen. Dabei werden vor allem solche Merkmale gemessen, über die die Zeugnisnoten keine oder nur bedingte Auskunft geben. Was bedeutet es nun, wenn wir sagen, daß Psychologen mit einem Test bestimmte Persönlichkeitsmerkmale messen?

Wenn wir Messungen mit einem Test durchführen, wollen wir Personen hinsichtlich der Ausprägung eines Persönlichkeitsmerkmals miteinander vergleichen, ähnlich wie das bei beobachtbaren Merkmalen wie der Körpergröße möglich ist. Wir können relativ einfach alle Teilnehmer einer Gruppe von 20 Personen der Größe nach aufstellen und in eine Rangfolge bringen. Hat bei diesen 20 Personen einer die Rangzahl 16, so können wir sagen, daß 15 Teilnehmer kleiner sind, vier Teilnehmer oder 20 % sind größer. Die Prozentaussage bezieht sich allerdings nur auf diese Gruppe, in einer anderen Gruppe könnte es ganz anders aussehen.

Der Psychologe will also mit dem Test Personen hinsichtlich bestimmter Merkmalsausprägungen in eine Rangfolge bringen. Entsprechend ihrer Rangposition ordnet er dazu jeder Person eine Zahl zu. Der jeweils ermittelte Wert gibt Auskunft darüber, ob das untersuchte Merkmal im Vergleich zu einer bestimmten Personengruppe stark, durchschnittlich oder schwach ausgeprägt ist.

Allerdings stößt man bei psychologischen Messungen auf eine Schwierigkeit: Im Gegensatz zur Körpergröße kann man die Merkmale, die man mit Tests untersuchen will, nicht unmittelbar beobachten und so verschiedene Personen miteinander vergleichen. Um erkennen zu können, wie stark bestimmte Fähigkeiten, Kenntnisse und Merkmale bei einer Person ausgeprägt sind, stellen Psychologen in Tests Aufgaben und Fragen. Das Testergebnis einer Person – meistens die Zahl der richtig gelösten Aufgaben – kann dann mit den Ergebnissen von anderen Personen einer bestimmten Bezugsgruppe verglichen werden und so der Ausprägungsgrad eines Merkmals bestimmt werden. Damit die Testergebnisse auch wirklich vergleichbar sind, müssen jedoch die Bedingungen und Regeln für die Testdurchführung und -auswertung genau festgelegt sein.

Die Anforderungen müssen bekannt sein

Der prognostische Erfolg eines Eignungstests hängt in starkem Maße davon ab, ob die arbeitsspezifischen Anforderungen bekannt sind. In vielen Fällen werden bestimmte Testverfahren eingesetzt, ohne daß die Anforderungen ausreichend berücksichtigt werden. Außerdem ist es nicht unbedingt sinnvoll, daß gewöhnlich nur nach dem Prinzip der Bestenauslese verfahren wird.

Vor dem Einsatz bestimmter Testverfahren müssen daher zunächst Informationen über die Anforderungen des jeweiligen Arbeitsplatzes oder Berufes gesammelt und in einem Anforderungsprofil festgehalten werden. Sind die Anforderungen bekannt, kann man die entsprechenden Persönlichkeitsmerkmale bestimmen, die der geeignete Bewerber aufweisen sollte. Auf dieser Grundlage kann man dann die Testverfahren auswählen oder erst entwickeln, mit dessen Hilfe man die Eignungsmerkmale der Bewerber messen kann. Die Eignungsprofile der Bewerber können anschließend mit dem Anforderungsprofil verglichen werden, um auf diese Weise den geeigneten Bewerber zu bestimmen.

Arten von Tests

Psychologische Eignungstests werden nach der Art der zu erfassenden Persönlichkeitsmerkmale üblicherweise in drei Gruppen eingeteilt:

Intelligenztests
Mit Hilfe von Intelligenztests soll die intellektuelle Leistungsfähigkeit von Bewerbern ermittelt werden. Dabei wird meistens nicht nur die Höhe der Intelligenz, sondern auch deren Struktur erfaßt. Man unterscheidet zwischen allgemeinen Intelligenztests und Intelligenztests zur Erfassung spezifischer Begabungen.

Leistungstests
Unter Leistungstests werden Verfahren verstanden, die Maximalleistungen auf bestimmten Gebieten verlangen. Man unterscheidet allgemeine Leistungstests, mit denen die Merkmale Aufmerksamkeit, Konzentration und Ausdauer untersucht werden und Tests zur Erfassung spezieller Fähigkeiten und Eignungen wie sensorische Funktionen, Handgeschicklichkeit oder einfacher Bürofertigkeiten.

Persönlichkeitstests

Mit ihrer Hilfe sollen Persönlichkeits- und Charakter-
merkmale, aber auch Interessen, Einstellungen, Gefühle,
Vorlieben, Abneigungen und Konflikte erfaßt werden.

Wissenschaftliche Tests und fragwürdige Methoden

Bei Einstellungstests muß man zwischen standardisierten
(wissenschaftlichen) Tests und nichtstandardisierten
(selbstgestrickten) Tests unterscheiden.

Standardisierte Tests werden von Diplom-Psychologen
mit wissenschaftlichen Methoden entwickelt und müssen
bestimmten Gütekriterien genügen. Alle anderen Tests
sind nicht standardisiert. Häufig werden solche Tests von
Laien für den firmeneigenen Hausgebrauch zusammengestellt und bestehen aus einer willkürlichen Ansammlung
von Aufgaben und Fragen. Ein großer Teil der im deutsch-
sprachigen Raum verwendeten Tests genügt nicht den
wissenschaftlichen Anforderungen. Dazu gehören auch
die zur Persönlichkeitsbeurteilung eingesetzten projektiven Testverfahren wie beispielsweise der bekannte Rorschach-Test. Die Anwendung solcher Tests ist äußerst
fragwürdig, da ihre Aussagefähigkeit sehr zweifelhaft ist.

Übersicht über häufig eingesetzte Testverfahren

In der folgenden Übersicht werden die am häufigsten eingesetzten Testverfahren aufgeführt:

Intelligenztests

Test	Testbezeichnung und Autor	Testdauer (in Min.)
IST 70	Intelligenz-Struktur-Test 70 (Amthauer)	90
HAWIE	Hamburg-Wechsler-Intelligenz-Test für Erwachsene (Wechsler u.a.)	90
WIT	Wilde-Intelligenz-Test (Jäger/Althoff)	180
LPS	Leistungsprüfsystem (Horn u.a.)	90
SPM	Standard-Progressive-Matrices (Raven)	45
APM	Advanced-Progressive-Matrices (Raven)	70
CFT 3	Grundintelligenz-Test-Skala 3 (Cattell/Weiß)	50
MIT	Mannheimer-Intelligenz-Test (Conrad u.a.)	60

Leistungstests
Aufmerksamkeit und Konzentration

d2	Aufmerksamkeits-Belastungs-Test (Brickenkamp)	8
KLT	Konzentrations-Leistungs-Test (Düker/Lienert)	38
KVT	Konzentrations-Verlaufs-Test (Abels)	25
PAULI	Pauli-Test (Arnold)	65

Spezielle Funktions- und Eignungstests

BET	Berufseignungstest (Schmale/Schmidke)	150
ABAT	Allgemeiner Büro-Arbeits-Test (Lienert)	30
BT	Büro-Test (Marschner)	30
MTVT	Mechanisch-technischer Verständnistest (Lienert)	45
PTV	Test zur Untersuchung des praktisch-technischen Verständnisses (Amthauer)	25
DBP	Drahtbiegeprobe (Lienert)	20

Persönlichkeitstests
Fragebogentests

MMPI	Minnesota Multiphasic Personality Inventory (Hathaway/McKinley)	90
FPI	Freiburger Persönlichkeitsinventar (Fahrenberg/Hampel/Selg)	25
16-PF	16 Persönlichkeits-Faktoren-Test (Cattell)	30
EPI	Eysenck-Persönlichkeits-Inventar (Eysenck)	15
BIT	Berufs-Interessen-Test (Irle)	40
PIT	Persönlichkeits-Interessen-Test (Mittenecker/Toman)	40

Projektive Testverfahren

RT	Rorschach-Test (Rorschach)	*
TAT	Thematischer Apperzeptions-Test (Murray)	2x50
PFT	Rosenzweig Picture Frustration Study (Rosenzweig)	20
WTZ	Wartegg-Zeichen-Test (Wartegg)	30

* keine Zeitangabe

Die Zeitangaben in der Tabelle schließen die reine Testzeit und den Zeitbedarf für die Instruktion ein. Bei den Persönlichkeitstests gibt es keine strengen Zeitbegrenzungen. Die Zeitangaben sind hier nur als Anhaltspunkte zu verstehen.

Gütekriterien psychologischer Tests

Ein wissenschaftlicher Test muß eine Reihe von Gütekriterien erfüllen. Erst wenn ein Test diese methodischen Voraussetzungen erfüllt, kann er brauchbare Informationen liefern. Dazu gehören besonders die folgenden Anforderungen:

1. Der Test muß standardisiert sein.
   Das bedeutet, daß für jeden Testteilnehmer die gleichen Bedingungen gelten müssen. Außerdem muß der Test allgemein verbindliche Maßstäbe, sogenannte Normen, für die Beurteilung der individuellen Testergebnisse besitzen.

2. Der Test muß objektiv sein.
   Das bedeutet, daß die Testergebnisse völlig unabhängig vom jeweiligen Untersucher sein müssen. Egal, wer eine Person testet, Durchführung, Auswertung und Interpretation des Testes müssen immer gleich sein.

3. Der Test muß zuverlässig sein.
   Unter Zuverlässigkeit versteht man den Grad der Genauigkeit, mit der ein Test ein bestimmtes Merkmal mißt. Messungen sind dann zuverlässig, wenn die Werte unabhängig vom Zeitpunkt der Messung sind, d. h., bei wiederholten Testmessungen bei einer Person muß ungefähr das gleiche Ergebnis auftreten.

4. Der Test muß gültig sein.
Die Gültigkeit des Tests bezieht sich darauf, ob der Test wirklich das mißt, was er zu messen vorgibt. Damit wird die inhaltliche Genauigkeit angesprochen, mit der der Test ein Merkmal mißt.

Standardisierung

Standardisierung bedeutet, daß die Bedingungen für die Testdurchführung und die Regeln für die Auswertung genau festgelegt sind. Damit kann der Test von verschiedenen Untersuchern immer wieder in der gleichen Weise und unter gleichen Bedingungen angewendet werden.
Die Standardbedingungen für die Durchführung beziehen sich vor allem auf die Testinstruktion, den zeitlichen Ablauf, das Testmaterial und die räumlichen Verhältnisse. Allerdings lassen sich die äußeren Bedingungen im allgemeinen nicht vollständig standardisieren; eine Fülle von Störvariablen wirkt unkontrolliert auf das Testergebnis ein.
Ein standardisierter Test hat sorgfältig ausgearbeitete Normen. Sie ermöglichen den Vergleich der Testergebnisse und Leistungen einer Person mit den Testergebnissen und Leistungen der Gruppe, der das Individuum angehört. Die Normen werden gewonnen, indem man den Test vor seinem Einsatz an einer repräsentativen Stichprobe der Bevölkerung eicht.

Objektivität

Es lassen sich drei Arten der Objektivität unterscheiden, die den Phasen der Testuntersuchung – Durchführung, Auswertung, Interpretation – entsprechen.
Durchführungsobjektivität bedeutet, daß für alle Testteilnehmer annähernd gleiche Testbedingungen gelten und die Testsituation einheitlich festgelegt ist. Dazu gehören die räumlichen Verhältnisse, Schutz gegen Störungen, ge-

nau festgelegte Instruktionen, einheitliches Testmaterial und Reihenfolge der Aufgaben, gleiche Übungsbeispiele und Zeitvorgaben.

Zur Auswertungsobjektivität gehört z. B., daß genau festgelegt wird, was als richtig oder falsch einzustufen ist. Durch die Verwendung von Auswertungsschablonen wird die fehlerfreie Auswertung wesentlich erleichtert.

Interpretationsobjektivität ist dann gegeben, wenn aus den gleichen Auswertungsergebnissen die gleichen Schlüsse gezogen werden. Dazu muß die Zuordnung von Testwerten zu bestimmten Interpretationskategorien genau festgelegt sein.

Zuverlässigkeit

Die Zuverlässigkeit oder *Reliabilität* bezieht sich auf die Stabilität der Testresultate. Sie ist notwendig, damit man sich auf die Meßergebnisse verlassen kann. Die Resultate dürfen also nur geringen zufälligen Schwankungen unterliegen, damit der Test als ausreichend stabil angesehen werden kann.

Die Zuverlässigkeit eines Tests ist um so größer, je kleiner die Schwankungen bei Meßwiederholungen sind, d. h. je geringer die Auftretenswahrscheinlichkeit von Meßfehlern ist. Der Grad der Zuverlässigkeit wird durch den Reliabilitätskoeffizienten bestimmt. Er gibt an, in welchem Maße die Testergebnisse bei einer Personengruppe übereinstimmen, wenn wir die Testmessungen unter gleichen Bedingungen wiederholen. Der Wert kann zwischen 0 und 1 variieren, wobei beim Wert 1 völlige Übereinstimmung und beim Wert 0 überhaupt keine Ähnlichkeit besteht. Für zuverlässige Urteile sind Reliabilitätskoeffizienten von wenigstens 0,80 erforderlich.

Gültigkeit

Die Frage nach der Gültigkeit oder *Validität* kann man in einfacher Form so stellen: Haben die gemessenen Testresultate Bezug zu dem, was wir eigentlich messen wollen? Wird von einem Test behauptet, er könne die Eignung für einen bestimmten Beruf feststellen, so muß man nachweisen, daß der Test das auch tatsächlich kann. Ansonsten ist der Test als Auswahlkriterium ungeeignet. Der Nachweis für die Gültigkeit eines Eignungstests kann erbracht werden, indem bei einer Gruppe von Jugendlichen die Testergebnisse vor der Ausbildung mit den Ergebnissen der Abschlußprüfung nach der Ausbildung vergleicht.

Den Grad der Gültigkeit können wir auch hier durch einen Koeffizienten angeben, indem wir die beiden Beurteilungsergebnisse in Beziehung setzen. Allerdings muß man dabei berücksichtigen, daß durch den Eignungstest nicht alle Persönlichkeitsmerkmale, die für das erfolgreiche Durchlaufen der Ausbildung und das gute Abschließen in der Abschlußprüfung maßgebend sind, erfaßt werden können. Selbst bei sorgfältiger Testentwicklung lassen sich nur Gültigkeitskoeffizienten zwischen 0,5 und 0,7 erzielen.

Erst wenn ein Test Angaben über die Gütekriterien enthält, kann man ihn als wissenschaftlich fundiert und aussagefähig ansehen. Betrachtet man die in Betrieben eingesetzten Tests unter diesen methodischen Gesichtspunkten, muß man bedauerlicherweise feststellen, daß es viele schlechte und zweifelhafte Testverfahren gibt, die eigentlich gar nicht als psychologische Tests bezeichnet werden dürften.

Woraus besteht der Test?

Bestandteile eines Tests

Bei den Testverfahren, die bei der Bewerberauswahl zum Einsatz kommen, handelt es sich fast immer um sogenannte Papier- und Bleistifttests. Damit ist gemeint, daß die Aufgaben auf einem Blatt Papier dargestellt sind und für die Bearbeitung nur ein Bleistift benötigt wird. Jeder Teilnehmer erhält für die Bearbeitung der Testaufgaben:

1. ein Testheft oder einen Fragebogen mit den Aufgaben oder Fragen,
2. einen oder mehrere Antwortbogen, auf dem die Testperson ihre Lösungen einträgt,
3. einen Bleistift.

Zu einem Test gehören weiterhin die Handanweisung, auch Testmanual genannt und eine oder mehrere Auswertungsschablonen. Die Handanweisung enthält alle für den Psychologen wichtigen Informationen zum Test wie die Beschreibung des Tests, seine Entwicklung und Konstruktion, Angaben über die Gütekriterien, Anweisungen zur Durchführung, Auswertung und Interpretation und die Normen. Die Auswertungsschablonen dienen der fehlerfreien und objektiven Auswertung des Tests.

Typen von Testaufgaben

Eine Testaufgabe besteht immer aus zwei Elementen:
1. dem Problem bzw. der Frage und
2. der Problemlösung bzw. der Antwort.

Insbesondere nach der Form der Aufgabenbeantwortung unterscheidet man verschiedene Aufgabentypen.

Unter den Aufgabentypen versteht man die Art und Weise, wie die Beantwortung der Fragen erfolgen soll. Dabei kann man zwischen gebundener und freier Aufgabenbeantwortung unterscheiden. Bei der gebundenen Aufgabenbeantwortung werden mehrere Antwortmöglichkeiten vorgeschlagen, aus denen man die richtige Antwort auswählen kann. Bei der freien Aufgabenbeantwortung kann man dagegen seine Antwort nach eigenem Ermessen geben.

Gebundene Aufgabenbeantwortung

A) Richtig-Falsch-Aufgabe

Der einfachste Aufgabentyp ist die Richtig-Falsch-Aufgabe. Dabei kann der Befragte zwischen einer richtigen und einer falschen Antwort, zwischen einer Antwort mit »Ja« oder »Nein«, zwischen »Stimmt« oder »Stimmt nicht« wählen.

Die Aufgabe kann in die Form einer Frage oder in die Form einer Feststellung gekleidet sein:

Beispiele:
a) Frage: Gehen Sie gerne ins Kino?   ( ) Ja   ( ) Nein

b) Feststellung: Ich habe immer gute Laune.
   ( ) Stimmt   ( ) Stimmt nicht

B) Mehrfach-Wahl-Aufgabe

Die Mehrfach-Wahl-Aufgabe ist heute der am meisten verbreitete Aufgabentyp. Im allgemeinen hat man zwischen 3 und 5 Wahlmöglichkeiten.

Beispiele:
1. Das Gegenteil von Hoffnung ist . . .?
   a) Trauer   b) Verzweiflung   c) Elend   d) Liebe   e) Haß

2. Suchen Sie das Wort, welches am besten zum dritten paßt.
   klein: groß = kurz:?
   a) lang   b) breit   c) weit   d) schmal   e) ausgedehnt

3. Von den Wörtern sind 4 einander ähnlich. Welches Wort paßt nicht zu den anderen?
   a) Stuhl   b) Tisch   c) Vogel   d) Schrank   e) Bett

Im Persönlichkeitsfragebogen wird die Mehrfach-Wahl-Aufgabe zur Messung der Ausprägung eines Merkmals verwendet.

Beispiel:
Ich kann mich schnell und sicher entscheiden.
(1) Nie   (2) Manchmal   (3) Häufig   (4) Immer

C) Zuordnungsaufgabe
Besonders bei Wissens- und Kenntnisprüfungen ist die Zuordnungsaufgabe beliebt. Dabei müssen die beiden Elemente einer Aufgabe, die Frage und Antwort, einander zugeordnet werden.

Beispiel:
Welche Hauptstadt gehört zu welchem Land?

1. Spanien	a) Rom	1. a b c d
2. Frankreich	b) Stockholm	2. a b c d
3. Italien	c) Madrid	3. a b c d
4. Schweden	d) Paris	4. a b c d

Freie Aufgabenbeantwortung
Die freie Aufgabenbeantwortung kommt in standardisier-

ten Tests nur in Form der Ergänzungsaufgabe vor. Ergänzt werden entweder Zahlen, Worte oder Symbole.

Beispiele:

a) Welche Sprache wird in Argentinien gesprochen?

_____

b) Wald verhält sich zu Bäume wie Wiese zu _____

c) Ergänzen Sie bitte das letzte Muster?

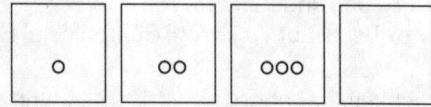

d) Setzen Sie die Zahlenreihe fort und ergänzen Sie die nächste Zahl.
6 9 12 15 18 21 24 ?

Schnelligkeitstests und Niveautests

Schnelligkeitstests enthalten verhältnismäßig leichte Aufgaben, die jede Person leicht lösen könnte. Allerdings werden die Aufgaben in solcher Zahl vorgegeben, daß keine Person sie in der vorgegebenen Zeit alle bearbeiten kann. Die Aufgabe besteht darin, möglichst schnell zu arbeiten.

Mit Hilfe dieser Tests möchte man sich ein Bild über Ihre Leistungsmenge, Konzentrationsfähigkeit, Belastbarkeit und Ihre Arbeitsgenauigkeit machen. Sie sollten also schnell, aber gleichzeitig auch sorgfältig arbeiten, denn meistens werden die Fehler mitberücksichtigt.

Niveautests enthalten Aufgaben mit ständig ansteigendem Schwierigkeitsgrad, so daß die letzten Aufgaben nur von sehr wenigen Personen beantwortet werden können. Hier möchte man das Leistungsniveau der Testpersonen kennenlernen.

Bei den meisten Tests handelt es sich um Mischformen.

Beschreibung der Testverfahren im einzelnen

Um Ihnen einen Überblick zu geben, was Sie bei Tests so alles erwartet, werden nun die wichtigsten Einstellungstests vorgestellt.

Intelligenztests

Intelligenz-Struktur-Test 70 (IST-70)
R. Amthauer

Der Intelligenz-Struktur-Test von Amthauer ist der am häufigsten eingesetzte Intelligenztest. Heute wird die Version von 1970 (IST-70) verwendet.
Der Test besteht aus neun Untertests mit insgesamt 180 Einzelaufgaben. Die Zeit für die Bearbeitung ist begrenzt, so daß im allgemeinen nicht alle Aufgaben bearbeitet werden können. Der gesamte Test dauert etwa eineinhalb Stunden. Die einzelnen Untertests werden getrennt ausgewertet, und die Ergebnisse können als Profil dargestellt werden. Damit sind nicht nur Aussagen über das allgemeine Niveau der Intelligenz, sondern auch über die Ausprägung in den einzelnen Teilbereichen möglich.
Der Test besteht aus folgenden Unteraufgaben:

Satzergänzung
Es soll das Wort ausgewählt werden, welches den Satz richtig vervollständigt.

Beispiel:
Das Gegenteil von Hoffnung ist . . .
a) Trauer   b) Entmutigung   c) Verzweiflung   d) Elend
e) Schmerz

Wortauswahl
Von fünf Wörtern soll das Wort gefunden werden, das nicht in die Reihe paßt.

Beispiel:
a) laufen   b) springen   c) rennen   d) sitzen   e) gehen

Analogien
Sie sollen das Wort finden, das zum dritten Wort in einer ähnlichen Beziehung steht, wie das erste zum zweiten.

Beispiel:
groß:klein = breit:?
a) dick   b) schmal   c) dünn   d) eng   e) kurz

Gemeinsamkeiten
Von sechs Wörtern sollen Sie die beiden herausfinden, für die es einen gemeinsamen Oberbegriff gibt.

Beispiel:
a) Strauch   b) Tulpe   c) Wiese   d) Baum   e) Wald   f) Rose

Rechenaufgaben
Es sind Rechenaufgaben in Form von Textaufgaben zu lösen.

Beispiel:
Ein Auto verbraucht 8 l Benzin auf 100 km. Wieviel verbraucht es auf 250 km?

Zahlenreihen

Es sollen Zahlenreihen fortgesetzt werden, die nach einer bestimmten Regel aufgebaut sind.

Beispiel:

8 6 9 7 10 8 11 ?

Figurenauswahl

Es sind fünf Musterfiguren (a – e) vorgegeben, die in mehrere Stücke zerschnitten wurden. Sie sollen bei den Aufgaben herausfinden, welche der vorgegebenen Figuren a, b, c, d, e man durch Zusammenfügen der einzelnen Stücke herstellen kann, ohne daß Ecken überstehen oder Platz zwischen den Stücken bleibt.

Beispiel:

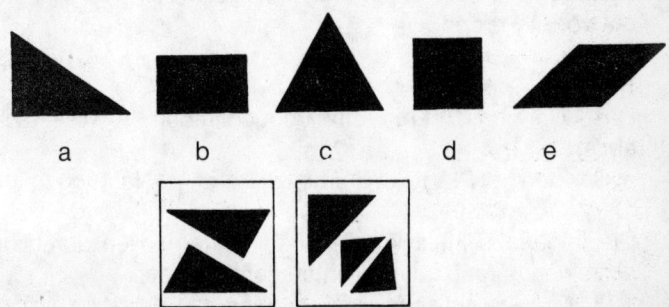

Würfelaufgaben

Vorgegeben sind die fünf Würfel a – e. Auf jedem dieser Würfel sind sechs verschiedene Zeichen, von denen man drei sehen kann. Bei den Aufgaben sollen Sie herausfinden, um welchen der vorgegebenen Würfel es sich handelt. Der Würfel kann gedreht, gekippt oder gedreht und gekippt werden, wobei auch ein neues Zeichen sichtbar werden kann.

Merkaufgaben

Hier hat die Testperson zunächst drei Minuten Zeit, um fünf Wortreihen mit je fünf Wörtern auswendig zu lernen. Danach müssen Fragen zu den gelernten Wörtern beantwortet werden.

Beispiel:

Das Wort mit dem Anfangsbuchstaben – W – war ein(e) ...?

a) Sportart b) Stadt c) Blume d) Beruf e) Nahrungsmittel

Die folgenden intellektuellen Fähigkeiten sollen durch die einzelnen Aufgabentypen untersucht werden:

1. SE – praktische Urteilsbildung
2. WA – Erfassen sprachlicher Bedeutung
3. AN – Kombinationsfähigkeit
4. GE – sprachliche Abstraktionsfähigkeit
5. ME – Merkfähigkeit
6. RA – praktisch-rechnerisches Denken
7. ZR – theoretisch-rechnerisches Denken
8. FA – Vorstellungsfähigkeit
9. WÜ – räumliches Vorstellen-Können

Der IST-70 wird im Schulbereich, bei Eignungsuntersuchungen, in der Berufsberatung und bei Fragen des Berufs- und Ausbildungswechsels angewendet.

Hamburg-Wechsler-Intelligenz-Test für Erwachsene (HAWIE) D. Wechsler

Der Hamburg-Wechsler-Intelligenz-Test für Erwachsene besteht aus 10 Untertests und einem zusätzlichen Wortschatztest, die zu einem Verbal- und einem Handlungsteil zusammengefaßt sind. Er kann nur als Einzeltest durchgeführt werden. Ein großer Mangel des HAWIE besteht darin, daß er hinsichtlich seiner Normen und teilweise auch inhaltlich inzwischen völlig veraltet ist.

Die Untertests des Verbalteils sind:
1. AW – Allgemeines Wissen
2. AV – Allgemeines Verständnis
3. ZN – Zahlennachsprechen
4. RD – Rechnerisches Denken
5. GF – Gemeinsamkeiten finden
5.a WT – zusätzlicher Wortschatztest

Die Untertests des Handlungsteils sind:
6. ZS – Zahlen-Symbol-Test
7. BO – Bilder ordnen
8. BE – Bilder ergänzen
9. MT – Mosaik-Test
10. FL – Figuren legen

Zu 1: Es werden 25 Fragen mit steigendem Schwierigkeitsgrad gestellt, die das allgemeine Wissen betreffen. Überprüft wird die Wissensbreite einer Person.

Zu 2: Es werden 12 Problemsituationen in Form von Fragen vorgestellt, zu denen die Testperson Lösungsvorschläge geben soll. Überprüft wird die praktische Urteilsfähigkeit einer Person.

Zu 3: Sieben Zahlenreihen mit steigender Länge sind nach einmaligem Vorsprechen vorwärts und rückwärts zu wiederholen. Überprüft werden die Merkmale Aufmerksamkeit und Merkfähigkeit.

Zu 4: 10 praktische Rechenaufgaben sind mit zeitlicher Begrenzung mündlich zu lösen. Überprüft werden die Merkmale Konzentrationsfähigkeit und Rechenfähigkeit.

Zu 5: Bei 12 Wortpaaren muß die Testperson die Gemeinsamkeiten erkennen und einen Begriff nennen, wodurch die beiden Gegenstände als zusammengehörig dargestellt werden können. Überprüft werden die Merkmale verbale Begriffsbildung und abstrakt logisches Denken.

Zu 5a: Die Bedeutung von 40 Wörtern ist zu erklären. Überprüft wird der Bestand an sprachlichen Kenntnissen.

Zu 6: Hier soll die Testperson Zahlen und Symbole assoziieren. Überprüft werden die Merkmale visuell-motorische Koordination und Konzentration bei Routineaufgaben.

Zu 7: Sieben Bilderserien sind in eine richtige Reihenfolge zu bringen, so daß sich eine kleine Geschichte ergibt. Überprüft wird das Verständnis des Ablaufs sozialer Situationen.

Zu 8: Die Testperson bekommt nacheinander 15 Bilder vorgelegt, auf denen ein wichtiges Unterteil fehlt, welches zu erkennen ist. Überprüft werden die Merkmale Beobachtungsfähigkeit und Unterscheidung von Einzelheiten.

Zu 9: 16 Klötze, die auf jeder Seite verschieden bemalt sind, müssen unterschiedlichen Mustervorlagen nachgebildet werden. Überprüft werden die Merkmale Formwahrnehmung und Kombinationsfähigkeit im geometrisch-räumlichen Bereich.

Zu 10: Eine Figur, ein Gesichtsprofil und eine Hand sollen aus zerschnittenen Stücken wieder zusammengesetzt werden. Überprüft werden die Merkmale planende Phantasie und Kombinationsfähigkeit.

Nach Wechsler (1963, S. 13) ist »Intelligenz die zusammengesetzte oder globale Fähigkeit des Individuums zweckvoll zu handeln, vernünftig zu denken und sich mit seiner Umgebung wirkungsvoll auseinanderzusetzten«. Die intellektuellen Leistungen einer Person werden beeinflußt von Interessen, Ausdauer, den Wunsch, eine Aufgabe zu lösen, sie hängen also ab von Temperamentsmerkmalen und der gesamten Persönlichkeitsstruktur.

Wilde-Intelligenz-Test (WIT)
A. O. Jäger/K. Althoff

Der Wilde-Intelligenz-Test geht auf die Ideen von Wilde zurück und dient zur differenzierten Erfassung der intellektuellen Leistungsfähigkeit von Jugendlichen und Erwachsenen. Theoretisch basiert der WIT auf dem Strukturmodell von Thurstone, das die Vielzahl intellektueller Leistungen im wesentlichen auf sieben Primärfaktoren zurückführt:

S – space – Räumliches Vorstellen
N – number – Rechengewandtheit
V – verbal comprehension – Beherrschung sprachlicher Bedeutungen und Beziehungen
W – word fluency – Wortgewandtheit, Flüssigkeit sprachlicher Einfälle
R – reasoning – schlußfolgerndes (formallogisches) Denken
P – perceptual speed – Wahrnehmungstempo und -genauigkeit
M – memory – Merkfähigkeit

Der WIT ist mit seinen 15 Subtests ein sehr umfangreicher Intelligenztest, der sich bisher in der Eignungsdiagnostik hervorragend bewährt hat. Er eignet sich für alle Fragestellungen, die eine differenzierte Erfassung der Intelligenzstruktur in Form eines breiten Fähigkeitsspektrums erfordern. Dadurch ist er anderen Intelligenztests deutlich überlegen.

Kurzbeschreibung der Aufgabentypen:

Satzergänzung: Ein Satz, in dem ein Wort ausgelassen wurde, ist durch eines von fünf vorgegebenen Wörtern zu ergänzen. Dieser Test dient zur Eingewöhnung und wird nicht ausgewertet.

Sprichwörter: Von jeweils fünf Sprichwörtern sind zwei auszuwählen, die dem Sinn eines vorgegebenen Sprichwortes am nächsten kommen. Erfaßt werden soll das Sinnverständnis für komplexe sprachliche Inhalte.

Gleiche Wortbedeutung: Zu einem vorgegeben Wort soll aus fünf anderen Worten ein zweites mit gleicher Bedeutung gefunden werden. Erfaßt werden soll das Wortverständnis im engeren Sinne.

Analogien: Auf der linken Seite eines Gleichheitszeichens sind zwei Wörter vorgegeben, die in einer bestimmten Beziehung zueinander stehen. Aus fünf Wahlwörtern sollen Sie dasjenige auswählen, das zu dem Wort hinter dem Gleichheitszeichen eine analoge Beziehung hat. Geprüft werden soll das schlußfolgernde Denken bei sprachlichem Material.

Buchstabenreihen: Vorgegeben ist eine Buchstabenreihe, die nach einer bestimmten Regel aufgebaut ist. Aus fünf Buchstabenpaaren ist dasjenige herauszufinden, das die Reihe logisch fortsetzt. Geprüft werden soll das schlußfolgernde Denken bei sinnfreiem Material.

Zahlenreihen: Vorgegeben ist eine Zahlenreihe, die nach einer bestimmten Regel aufgebaut ist. Auf dem Antwortbogen sind die Ziffern der Zahl durchzustreichen, die die Reihe logisch fortsetzen. Geprüft werden soll das schlußfolgernde Denken bei Zahlenmaterial.

Schätzen: Zu Rechenaufgaben ist aus fünf Wahllösungen aufgrund rechnerischer Überlegungen und Schätzungen die richtige Lösung zu bestimmen. Erfaßt werden soll das rechnerische Denken, die Vertrautheit mit Zahlen und das Abschätzen von Größenordnungen.

Eingekleidete Rechenaufgaben: Verbal eingekleidete Rechenaufgaben sind vorgegeben und auf dem Antwortbogen die Ziffern der Lösungen durchzustreichen. Geprüft werden soll das rechnerische Denken.

Grundrechenarten: Zu Rechenaufgaben der vier Grundrechenarten sind auf dem Antwortbogen die Ziffern der Lösungen durchzustreichen. Geprüft werden soll die Beherrschung der Grundrechenarten.

Wortgewandtheit: Zu vorgegebenen Anfangs- und Endbuchstaben sind innerhalb einer Minute möglichst viele Wörter mit denselben Anfangs- und Endbuchstaben niederzuschreiben. Erfaßt werden soll die Flüssigkeit assoziativer Worteinfälle.

Beobachtung: Vorgegeben sind jeweils drei Schemagesichter, von denen zwei identisch sind. Sie sollen das dritte herausfinden, das sich von den beiden anderen deutlich unterscheidet. Geprüft wird die Wahrnehmungsgeschwindigkeit und -genauigkeit.

Spiegelbilder: Von fünf vorgegebenen Figuren lassen sich vier durch einfaches Verschieben zur Deckung bringen, eine dagegen muß man umklappen. Diese soll man her-

ausfinden. Untersucht wird das räumliche Vorstellungsvermögen.

Abwicklungen: Zu einer Faltvorlage mit verschiedenen
Zeichen ist aus fünf vorgegebenen Körpern, derjenige her-
auszufinden, der sich aus der Faltvorlage herstellen läßt.
Geprüft wird das räumliche Vorstellungsvermögen.

Zahlenmerken: Es werden fünf bis elf einstellige Zahlen in
gleichen Zeitabständen vorgetragen. Diese Zahlenfolgen
sind nach der mündlichen Darbietung niederzuschreiben.
Geprüft wird das unmittelbare Behalten.

Gedächtnis: Vorgegeben sind zwei Lebensgeschichten
mit den wichtigsten Angaben zur Person und zum Lebenslauf der beiden Menschen sowie Fotos von ihnen, ihren El-
tern und Ehegatten. Sie haben für jede Geschichte drei
Minuten Zeit zum Einprägen. In dem anschließenden drei-
teiligen Reproduktionstest sollen Einzelheiten der Lebens-
läufe und Fotos wiedererkannt, unterschieden und repro-
duziert werden. Überprüft werden sollen die mittelfristigen
Gedächtnisleistungen.

Leistungsprüfsystem (LPS)
W. Horn

Das Leistungsprüfsystem von Horn besteht aus 14 Untertests zu je 40 Aufgaben und einem zusätzlichen Rechentest. Geprüft werden durch den Test folgende Merkmale:

- Allgemeinbildung
- Denkfähigkeit
- Worteinfall
- technische Begabung
- Ratefähigkeit
- Wahrnehmungstempo
- Rechenfähigkeit

46

Der Test erfaßt vor allem schulische Leistungen. Daher ist sein Einsatz besonders bei der Bildungs- und Berufsberatung üblich.

Mannheimer Intelligenz-Test (MIT)
W. Conrad u. a.

Der MIT ist ein Verfahren zur Messung des allgemeinen intellektuellen Niveaus. Der Test geht von dem Vorhandensein einer globalen Intelligenz und von unabhängigen Teilfähigkeiten aus. 10 Untertests mit je sieben Aufgaben sind zu einer Testbatterie zusammengefaßt. Die richtige Antwort kann aus fünf vorgegebenen Antworten ausgewählt werden. Die Tests sind:

- Figurenreihen
- Wortbedeutungen
- Dominos
- Buchstabengruppen
- Zahlenreihen
- Wortverhältnisse
- Mosaiken
- Sprichwörter
- Zahlensymbolen
- Unmöglichkeiten

Der Anwendungsbereich liegt besonders in der Berufs- und Bildungsberatung.

Grundintelligenz-Test-Skala 3 (CFT 3)
R. B. Cattell

Um kulturelle Einflüsse auszuschalten, wurde von Cattell ein sprachfreier Intelligenztest entwickelt, der von Weiss für deutsche Verhältnisse umgearbeitet wurde. Er erfaßt im wesentlichen den Faktor »Grundintelligenz«, d. h. die Fähigkeit, in neuartigen Situationen zwischen verschiedenen Merkmalen rasch Beziehungen wahrnehmen und diese nach logischen Regeln verknüpfen zu können. Er gibt Aufschluß darüber, bis zu welchem Komplexitätsgrad die Testperson in der Lage ist, die Problemstellung zu erfassen und zu lösen.

Der CFT 3 enthält 100 nichtverbale Aufgaben und besteht aus zwei ähnlichen Teilen mit jeweils vier Untertests:

Test 1: Reihenfortsetzen
Test 2: Klassifikationen
Test 3: Matrizen
Test 4: topologische Schlußfolgerungen.*

Jeder Subtest enthält sprachfreie, in zeichnerischer Form dargestellte und nach Schwierigkeit geordnete Aufgaben mit fünf bis sechs Antwortmöglichkeiten. Für die Lösung sind gemeinsame Eigenschaften von mehreren Figuren oder die Beziehung zwischen Figuren aufgrund einer oder mehrerer Merkmale zu erkennen.

Weil der Test von sozialen Einflüssen, Herkunft und Vorbildung unabhängig sein soll, wird er vielseitig eingesetzt, u. a. für die Begabtenauslese, Schullaufbahnberatung, Beratungszwecke im Hochschulbereich, Berufsberatung, Überprüfung von Fahrschülern beim TÜV.

Progressive-Matrizen-Tests
Standard-Progressive-Matrices (SPM)
Advanced-Progressive-Matrices (APM)
J. C. Raven

Die Matrizentests von Raven haben sich seit Jahrzehnten als sprachfreie Verfahren zur Erfassung der allgemeinen

---

* Topologie: In der Geometrie die Lehre von der Lage und Anordnung geometrischer Gebilde im Raum.

Intelligenz und Fähigkeit zu logischem Denken bewährt. Die SPM (Standard-Progressive-Matrices) bestehen aus fünf Aufgabenserien, die jeweils zwölf Aufgaben enthalten. Die Aufgaben bestehen aus geometrischen Figuren oder abstrakten Mustern, die jeweils eine Lücke aufweisen. Die Aufgabe besteht darin, das fehlende Muster aus einem Angebot von sechs bis acht Mustern zu ergänzen. Die Testperson soll die Binnenstruktur der Figuren erkennen und das dargestellte Beziehungssystem erfassen. Der Schwierigkeitsgrad nimmt innerhalb einer Aufgabengruppe und von einer Aufgabengruppe zur nächsten progressiv zu. Durch die festgelegte Reihenfolge der Aufgaben wird die Lösungsmethode systematisch trainiert.

Für Erwachsene werden außerdem die APM (Advanced-Progressive-Matrices) verwendet, die eine höhere Schwierigkeit aufweisen. Sie bestehen aus zwei Aufgabentests: Set I hat 12 Aufgaben, Set II 36 Aufgaben.

Wegen der Sprachfreiheit und als reine Niveautests haben diese Verfahren eine weite Verbreitung. Sie werden besonders im Schulbereich und im klinisch-psychologischen Bereich zur Beurteilung der Intelligenz verwendet.

Leistungstests

Allgemeine Leistungs- und Konzentrationstests

Diese Verfahren erfassen die Aufmerksamkeit, die Konzentration und allgemeine Aktivität in Leistungssituationen. Diese Funktionsbereiche werden als allgemeine Voraussetzungen für die Erzielung von Leistungen betrachtet.

Im wesentlichen gehören zu dieser Gruppe unterschiedliche Versionen von Durchstreichtests, bei denen Buchstaben oder andere Zeichen durchzustreichen sind und Tests mit langen Zahlenreihen, die addiert werden müssen. Die bewältigte Leistungsmenge, Fehler und zeitliche Verläufe werden ausgewertet.

Aufmerksamkeits-Belastungs-Test d2
R. Brickenkamp

Der d2 ist ein psychodiagnostisches Verfahren zur Messung der Aufmerksamkeit und der Konzentrationsfähigkeit bei leichten Routineaufgaben unter Zeitdruck. Er ist eine Weiterentwicklung der vielfach abgewandelten Durchstreichtests. Beim Test kommt es darauf an, Kleindetails schnell und sicher zu unterscheiden. Die Testperson hat die Aufgabe, auf einem Arbeitsblatt mit 14 Zeilen ähnlicher Zeichen jedes »d« mit zwei Strichen durchzustreichen. Alle 20 Sekunden erfolgt ein Zeichen zum Zeilenwechsel. Es wird die Leistungsmenge (Anzahl der bearbeiteten Zeichen) und die Genauigkeit der Arbeitsweise (Anzahl der Fehler) gemessen.

Konzentrations-Verlaufs-Test (KVT)
D. Abels

Der KVT dient zur Messung der Konzentration und Ausdauer beim Arbeitsverlauf. Die Testperson hat ein Kartenpäckchen von 60 Karten nach vier Kriterien zu sortieren: ob von zwei vorgegebenen Zahlen entweder die eine oder andere, beide Zahlen oder keine enthalten ist. Bewertet wird die Qualität und Geschwindigkeit der Sorgfaltsleistung.

Konzentrations-Leistungs-Test (KLT)
H. Düker

Der KLT ist ein Rechentest mit 250 einfachen Additions- und Subtraktionsaufgaben. Jedes Item besteht aus zwei Rechenaufgaben, die im Kopf gelöst werden müssen. Die Testperson muß sich die Ergebnisse merken und miteinander vergleichen. Dann ist das kleinere vom größeren Ergebnis abzuziehen und in ein Kästchen zu schreiben. Bei der Schwierigkeitsstufe D (für Jugendliche und Erwachsene) sind die Ergebnisse zu addieren, wenn das Ergebnis der unteren Zeile größer ist.

Beispiel 1:   6 + 4 + 7   *Beispiel 2:*   6 − 4 + 3
               8 − 3 + 4   2 + 9 + 3

Im ersten Beispiel ergibt die Summe der oberen Zeile 17, die der unteren 9. Deshalb muß das Ergebnis der unteren Zeile vom oberen abgezogen werden. Im zweiten Beispiel ist die erste Zeile kleiner. Daher sind beide Ergebnisse zu addieren. Das Lösen der KLT-Aufgaben erfordert nach Düker die Koordination folgender Einzeltätigkeiten: Auffassen, Rechnen, Merken, Vorstellen und Entscheiden. Der Test wird zwar als Konzentrationstest bei Eignungs- und Auswahluntersuchungen eingesetzt, allerdings hängen die Testergebnisse in hohem Maße mit rechnerischen Fähigkeiten zusammen, besonders der Gewandtheit in den Grundrechenarten.

Pauli-Test
W. Arnold

Der Pauli-Test dient zur Überprüfung der psychischen Leistungsfähigkeit, wobei die Übung, Ermüdung und der Leistungsverlauf ermittelt wird.
60 Minuten lang muß die Testperson so schnell wie möglich einstellige Zahlen addieren, die auf Vordrucken vorgegeben sind. Der Testleiter gibt alle drei Minuten ein Zeichen, worauf sie die gerade erreichte Stelle markieren muß. Geachtet wird auf Fehlerfreiheit und Tempo. Mit der Zeitkontrolle soll festgestellt werden, wie sich die Leistung im Zeitverlauf verändert, denn das Testresultat wird als Arbeitskurve dargestellt.

Spezielle Funktionsprüfungs- und Eignungstests

Innerhalb dieser Gruppe gibt es eine breite Palette von Verfahren. Dazu gehören einerseits Tests zur Überprüfung sensorischer und motorischer Funktionen, andererseits Tests zur Überprüfung spezieller Fähigkeiten wie einfache Bürofertigkeiten, technisches Verständnis und Handgeschicklichkeit. Die Tests stehen in engem Zusammenhang mit der Berufseignung.

Allgemeiner Büro-Arbeits-Test (ABAT)
G. A. Lienert

Der ABAT von Lienert prüft in sechs verschiedenen Untertests die allgemeinen Voraussetzungen intellektueller Leistungsfähigkeit und Wendigkeit, wie sie in einfachen Büroberufen gefordert werden. Er dient also der Eignungsauslese von Bürokräften. Mit dem Test sollen routinemäßige Bürotätigkeiten erfaßt werden, wobei der Schwerpunkt auf Schnelligkeit und Wendigkeit liegt.

Der ABAT eignet sich für die Eignungsauswahl von Bürokräften, besonders bei Fragen der Berufsberatung und beruflichen Umschulung. Er kann als Einzel- und Gruppentest durchgeführt werden und umfaßt folgende zeitlich begrenzte Aufgaben:

1. *Karteikarten sortieren*
   Kundennamen sind in einen Karteikasten mit 40 Unterteilungen einzuordnen.

2. *Adressen prüfen*
   20 Originaladressen sind mit Abschriften zu vergleichen und auf Fehler zu überprüfen.

3. *Summen prüfen*
   30 bereits durchgeführte Additionen sollen überprüft werden.

4. *Rechtschreibung korrigieren*
   40 Wörter sind auf ihre Rechtschreibung zu überprüfen.

5. *Textaufgaben lösen*
   Hier sind textlich eingekleidete Rechenaufgaben zu lösen. Es werden jeweils fünf Lösungen vorgeschlagen.

6. *Zeichen setzen*
   Sätze sind auf richtige Kommasetzung zu überprüfen.

Büro-Test (BT)
G. Marschner

Der Büro-Test von Marschner soll die praktisch kaufmännische Anstelligkeit einer Person für die Erledigung einfacher büromäßiger Arbeitsvorgänge prüfen.
Nach Marschner erlaubt der Büro-Test Rückschlüsse auf das allgemeine Interesse für Büroarbeiten, die Anstelligkeit bei der Erledigung schriftlicher Arbeiten, die Geschicklichkeit bei der Lösung einfacher organisatorischer oder verwaltungsmäßiger Aufgaben und auf Findigkeit und Einfallsreichtum.
Bei den sechs Aufgaben des Bürotests werden folgende Tätigkeitsaspekte untersucht:

Ordnen und Verteilen   Aufgaben 1 und 4
Arbeitsabläufe planen   Aufgaben 2 und 6
Umgang mit Zahlen   Aufgaben 3 und 5

Die Aufgaben haben folgenden Inhalt:

1. Lehrlinge für den Postdienst einteilen
2. Sortieren von Rechnungen planen
3. Geldbeträge in Geldsorten umwechseln
4. Briefe in einer Registratur auf Ordner verteilen
5. Portokasse führen
6. Zeitplan für Benachrichtigungen aufstellen

Der Test kann angewendet werden bei der Auswahl für kaufmännische und büromäßige Ausbildungsberufe und Umschulungen.

Mechanisch-technischer Verständnistest (MTVT)
G. A. Lienert

Der MTVT von Lienert soll das mechanisch-technische Verständnis einer Person prüfen, einen Leistungsaspekt, der zur praktischen Intelligenz gehört. Er besteht aus 32 Aufgaben in Form von Zeichnungen. Die Zeichnungen stellen handwerkliche Geräte, technische Vorrichtungen und physikalische Vorgänge dar, deren Funktionsweise erkannt werden muß. Zu jeder Zeichnung gehört eine Frage für die zwei bis fünf Lösungen vorgeschlagen werden. Zum Beispiel lautet die Frage bei einem System verschiedener Zahnräder: Welche Zahnräder drehen in derselben Richtung wie das Zahnrad X?
Der MTVT wird zur Beurteilung der technischen Begabung und praktischen Intelligenz im Rahmen von Berufseignungsprüfungen, der Berufsberatung und Fragen der Umschulung und des Berufswechsels eingesetzt.

Test zur Untersuchung des praktisch-technischen Verständnisses (PTV)
R. Amthauer

Der PTV besteht aus 50 Wahlantwortaufgaben zu technischen Vorgängen und Problemen, die nach steigendem Schwierigkeitsgrad angeordnet sind. Die Probleme sind zeichnerisch dargestellt. Die erfolgreiche Bearbeitung erfordert Erfahrung im Umgang mit technischen Zeichnungen, elementare physikalische Kenntnisse und Einblick in die technisch-mechanische Funktionsweise spezieller Vorrichtungen. Die Problembereiche und Schwierigkeitsgrade entsprechen technischen Berufsanforderungen auf verschiedenem Niveau.

Drahtbiegeprobe (DBP)
G. A. Lienert

Der bekannteste Test zur Feststellung der Fingerfertigkeit, der Handgeschicklichkeit, der Formauffassung und des Materialgefühls ist die Drahtbiegeprobe für Ausbildungsplatzbewerber im technischen und handwerklichen Bereich.

Die Testperson bekommt einen Eisendraht von 25 cm Länge und 1 mm Durchmesser und soll nach einer Zeichnungsvorlage den Draht genauestens nachbiegen. Die Vorlage ist größer als die Figur, die mit dem Draht hergestellt werden soll. Es darf kein Werkzeug benutzt werden und es muß nach Augenmaß gearbeitet werden. Die Bewertung erfolgt nach 29 Kriterien, die Aussagen über die Genauigkeit und Sorgfalt der Ausführung, die Arbeitsplanung und die Geschicklichkeit ermöglichen.

Berufseignungstest (BET)
H. Schmale, H. Schmidtke

Der BET ist die deutsche Fassung der amerikanischen General-Aptitude-Test-Battery. Er besteht aus zwölf Untertests, die in verschiedenen Kombinationen zusammengestellt werden können. Die ersten acht Tests sind Papier-Bleistift-Tests, die letzten vier werden an einem großen und kleinen Steckbrett durchgeführt. Der Test dient dazu, die Eignung für grundlegende Anforderungen in verschiedenen Arbeitsbereichen zu untersuchen und wird daher zu eignungsdiagnostischen Beratungszwecken und für Auswahlprüfungen eingesetzt. Die einzelnen Tests werden wie folgt bezeichnet:

1. Werkzeugvergleich
2. Körperabwicklung
3. Adressenvergleich
4. Grundrechnen
5. Figurenlesen
6. Rechenaufgaben
7. Begriffsähnlichkeit und -gegensatz
8. Strichezeichnen
9. Zapfenstecken
10. Zapfenumdrehen
11. Unterlegscheibe einbauen
12. Unterlegscheibe ausbauen

Persönlichkeitstests

Persönlichkeitstests versuchen die Gesamtpersönlichkeit und die ihr zugrunde liegende Persönlichkeitsstruktur zu erfassen. Die unterschiedlichen Verfahren, die zur Persönlichkeitsdiagnose angewendet werden, lassen sich in die beiden großen Gruppen Fragebogenverfahren und projektive Verfahren einteilen.

Fragebogentests

Die Fragebogentests dienen zur Erfassung fest umschriebener Persönlichkeitsmerkmale und Verhaltenstendenzen. Durch teilweise geschickte Fragestellungen versucht man, alles über Einstellungen, Gewohnheiten, Verhaltensweisen, Interessen, Vorlieben, Abneigungen, Sorgen und Konflikte zu erfahren.

Fragebogen haben zwei Vorteile: Erstens können sie von der Testperson selbständig bearbeitet werden, es sind daher Gruppentests möglich. Zweitens kann die Auswertung mit Hilfe von Schablonen – teilweise auch durch EDV – leicht und problemlos durchgeführt werden.

Auf dem Fragebogen wird der Testperson eine Liste von Feststellungen (Behauptungen) oder Fragen vorgegeben, wobei sie bei jeder zu entscheiden hat, ob sie diese als zutreffend empfindet oder nicht. In der Regel gibt es nur zwei oder drei Antwortmöglichkeiten, die anzukreuzen sind: »ja« oder »nein«, »stimmt« oder »stimmt nicht«, eventuell auch »weiß nicht«. Jede Eigenschaft wird so durch 10 – 15 Items eingekreist. Je mehr eine Person davon in gleichartiger Weise beantwortet, um so höher ist der Ausprägungsgrad der Eigenschaft. Die Ergebnisse werden in einem Persönlichkeitsprofil dargestellt, das Aufschluß über die Persönlichkeitsstruktur gibt.

Persönlichkeitsfragebogen basieren darauf, daß die Fragen wahrheitsgemäß beantwortet werden. Allerdings besteht bei ihnen leichter als bei anderen Tests die Gefahr, daß die Ergebnisse absichtlich verfälscht werden. Wenn die Testperson den Sinn der Fragen durchschaut, bereitet es keine Schwierigkeit, sich besser darzustellen oder so, wie sie meint, daß der Betrieb sie gerne hätte. Testkonstrukteure versuchen dem zu begegnen, indem sie die Fragen geschickt untereinander abstimmen und in verschiedenen Variationen wiederholen. Die meisten Tests enthalten zudem eine Kontroll- oder Lügenskala, um die Ehrlichkeit der Beantwortung festzustellen. Wenn Sie bei Aussagen wie »Ich sage nicht immer die Wahrheit« oder »Ich bin schon einmal zu spät zur Arbeit gekommen« kleine Schwächen nicht zugegeben, geht man davon aus, daß Sie sich positiv darstellen wollen und Ihre Ergebnisse insgesamt verfälscht sind.

Gegen den Einsatz dieser Tests bestehen aus rechtlicher Sicht einige Bedenken. Sie beziehen sich darauf, daß es eine Reihe von Fragen gibt, die die Privatsphäre der Testperson in unzulässiger Weise verletzen.

MMPI Saarbrücken
Minnesota Multiphasic Personality Inventory
S. R. Hathaway, J. C. McKinley

Unter den Tests zur Diagnose der Persönlichkeit ist der in den USA entwickelte MMPI am weitesten verbreitet. Der MMPI enthält 566 Fragen, die entweder mit »stimmt«, »stimmt nicht« oder »weiß nicht« zu beantworten sind. Ursprünglich wurde dieser Test für den klinisch-psychiatrischen Bereich zur Diagnose psychischer Störungen entwickelt, denn mit den Fragen soll die Ausprägung auf folgenden zehn klinischen Standard-Skalen gemessen werden: Hypochondrie, Depression, Hysterie, Psychopathie, Paranoia, Psychasthenie, Schizophrenie, Hypomanie, maskuline gegen feminine Interessen-Skala, Introversion-Extraversion. Zusätzlich enthält der Test einige Kontrollskalen.

Die deutsche Version, der MMPI Saarbrücken, entspricht weitgehend dem Original und wird auch zur Bewerberauswahl verwendet. In den USA wird der MMPI zur Zeit überarbeitet, um ihn an die gewandelten Normen der heutigen Zeit anzupassen.

Viele Fragen des MMPI gehen sehr in den persönlichen Bereich und verletzen die Intimsphäre in unzumutbarer Weise. Dazu gehören Fragen zur gesundheitlichen und seelischen Verfassung, zum religiösen Bereich und zum Sexualverhalten. Einige Kostproben finden Sie auf Seite 97 f.

Wegen der höchstpersönlichen und intimen Fragen sowie zahlreicher wissenschaftlicher Ungenauigkeiten ist die Verwendung des MMPI recht umstritten. Für die Personalauslese sollte der MMPI überhaupt nicht verwendet werden, da ein Bezug zur Arbeitswelt nicht gegeben ist.

Freiburger Persönlichkeitsinventar (FPI)
J. Fahrenberg, R. Hampel, H. Selg

Der FPI ist wohl der bei der Bewerberauswahl am häufigsten eingesetzte Persönlichkeitstest. In der ersten Version von 1970 besteht er aus 212 Fragen zu Befinden, Verhalten, Einstellungen, Gewohnheiten und körperlichen Beschwerden. Die Fragen sind teilweise aus dem MMPI übernommen.

Seit 1984 gibt es eine revidierte Fassung des FPI, den FPI-R. In diese weiterentwickelte Fassung wurden einige neue Skalen aufgenommen: Lebenszufriedenheit, soziale Orientierung, Leistungsorientierung, Beanspruchung und Gesundheitssorgen. Der Test enthält in der neuen Form 138 Aussagen, die die Persönlichkeit auf folgenden 12 Skalen erfassen:

Skala 1: Lebenszufriedenheit
lebenszufrieden, gute Laune, zuversichtlich – unzufrieden, bedrückt, negative Lebenseinstellung.

Skala 2: soziale Orientierung
sozial verantwortlich, hilfsbereit, mitmenschlich – Eigenverantwortung in Notlagen betonend, selbstbezogen, unsolidarisch.

Skala 3: Leistungsorientierung
leistungsorientiert, aktiv, schnell-handelnd, ehrgeizig-konkurrierend – wenig leistungsorientiert oder energisch, wenig ehrgeizig-konkurrierend.

Skala 4: Gehemmtheit
gehemmt, unsicher, kontaktscheu – ungezwungen, selbstsicher, kontaktbereit.

Skala 5: Erregbarkeit
erregbar, empfindlich, unbeherrscht – ruhig, gelassen, selbstbeherrscht.

Skala 6: Aggressivität
aggressives Verhalten, spontan und reaktiv, sich durch-
setzend – wenig aggressiv, kontrolliert, zurückhaltend.

Skala 7: Beanspruchung
angespannt, überfordert, sich oft im Streß fühlend – wenig
beansprucht, nicht überfordert, belastbar.

Skala 8: körperliche Beschwerden
viele Beschwerden, psychosomatisch gestört – wenige
Beschwerden, psychosomatisch nicht gestört.

Skala 9: Gesundheitssorgen
Furcht vor Erkrankungen, gesundheitsbewußt, sich scho-
nend – wenig Gesundheitssorgen, gesundheitlich unbe-
kümmert, robust.

Skala 10: Offenheit
Offenes Zugeben kleiner Schwächen und alltäglicher
Normverletzungen, ungeniert, unkonventionell – an Um-
gangsnormen orientiert, auf guten Eindruck bedacht,
mangelnde Selbstkritik, verschlossen.

Skala E: Extraversion – Introversion
extravertiert, gesellig, impulsiv, unternehmenslustig – in-
trovertiert, zurückhaltend, überlegt, ernst.

Skala N: Emotionalität
emotional labil, empfindlich, ängstlich, viele Probleme und
körperliche Beschwerden – emotional stabil, gelassen,
selbstvertrauend, lebenszufrieden.

16 Persönlichkeits-Faktoren-Test (16-PF)
R. B. Cattell, G. Schröder, K. A. Schneewind

Im angloamerikanischen Sprachraum ist der 16 PF schon
lange weit verbreitet. Inzwischen wird er auch hierzulande

bei der Auswahl von Führungskräften häufig eingesetzt. Die deutsche Version besteht aus 192 Aussagen (Items), mit denen 16 grundlegende Persönlichkeitsfaktoren (Primärfaktoren) erfaßt werden sollen. Jeder Faktor wird mit 12 Items eingekreist, die meist neutral formuliert sind, so daß die Zielrichtung nicht eindeutig zu erkennen ist. Zu jedem Item gibt es drei Antwortmöglichkeiten.
In den Test sind auch Fragen zur Messung der sprachlich-logischen Intelligenz eingestreut.

Beispiel: »Haus« verhält sich zu »Zimmer« wie »Baum« zu:
a) Wald   b) Pflanze   c) Blatt

Neben den Primärfaktoren erlaubt der 16 PF die Erfassung von fünf allgemeinen Persönlichkeitsfaktoren (Sekundärfaktoren).

Eysenck-Persönlichkeits-Inventar (EPI)
H.J. Eysenck

Der EPI ist ein relativ kurzer Fragebogen. Die Fragen können mit ja oder nein beantwortet werden. Der EPI soll wie seine Vorgänger MMQ (Maudsley Medical Questionnaire) und MPI (Maudsley Personality Inventory) die beiden Persönlichkeitsdimensionen Extraversion und Neurotizismus bzw. emotionale Labilität erfassen, die Eysenck als die Hauptdimensionen der Persönlichkeit ansieht. Zusätzlich enthält der EPI eine Lügenskala, mit der festgestellt werden soll, ob die Testperson sich durch ihre Antworten in ein günstiges Licht setzen will.
Die Skala Extraversion hat die beiden Pole Extravertiertheit und Introvertiertheit. Typisch Extravertierte sind nach außen gerichtet, gehen aus sich heraus, sind offen, gesellig, aktiv, impulsiv. Dagegen sind typisch Introvertierte nach innen gerichtet, ruhig, zurückhaltend, nachdenklich, vorsichtig, passiv.

Die Skala Neurotizismus bezieht sich auf das gefühlsmäßige Erleben und hat die Pole Stabilität und Instabilität mit den entgegengesetzten Merkmalen ruhig, sorglos, gleichmäßig gutgelaunt, gelassen gegenüber unruhig, nervös, ängstlich, empfindlich, erregbar.

Berufs-Interessen-Test (BIT)
M. Irle

Der BIT dient der Ermittlung der beruflichen Interessen und Wünsche. Die Testperson soll zu Aussagen Stellung nehmen, die sich auf unterschiedliche berufliche Tätigkeiten beziehen. Sie hat jeweils vier Wahlmöglichkeiten zu Feststellungen aus folgenden 9 Berufsbereichen:

1. Technisches Handwerk
2. Gestalterisches Handwerk
3. Technische und naturwissenschaftliche Berufe
4. Ernährungshandwerk
5. Land- und forstwirtschaftliche Berufe
6. Verwaltende Berufe
7. Literarische und geisteswissenschaftliche Berufe
9. Sozialpflege und Erziehung

Der BIT wird im Rahmen der Berufsberatung eingesetzt, um mit Ratsuchenden besser über ihre beruflichen Wünsche und Pläne sprechen zu können.

Persönlichkeits-Interessen-Test (PIT)
E. Mittenecker, W. Toman

Der PIT wird besonders im Rahmen der Berufsberatung zur Persönlichkeits- und Interessenuntersuchung eingesetzt. Er enthält 214 Feststellungen, wobei die Testperson mit »stimmt«, »stimmt nicht« oder »weder noch« antworten kann. Von den Fragen sind 120 Persönlichkeits- und 94 Interessenfragen, die insgesamt 18 Bereiche erfassen:

Persönlichkeitsskalen:
Selbstkritik, soziale Einstellung, manische, depressive, paranoide und schizoide Tendenzen, neurotische Verhaltensweisen, vegetative Labilität.

Interessenskalen:
Vorliebe für Stadt- oder Landleben, Interesse für Wissenschaft, Handwerk, Verrechnung und Verwaltung, Umgang mit Menschen in Geschäft und Wirtschaft, bildende Kunst, Sprache/Literatur, Musik, soziale Berufe.

Projektive Testverfahren

Bei den projektiven Testverfahren – auch als Entfaltungsverfahren bezeichnet – handelt es sich um diagnostische Verfahren, bei denen die Testpersonen relativ unstrukturierte oder mehrdeutige Situationen oder bildhafte Darstellungen interpretieren sollen. Dadurch soll die gesamte Persönlichkeit und nicht nur einzelne Merkmale erfaßt werden.

Den Testpersonen wird eine standardisierte Reihe von mehrdeutigem oder neutralem Reizmaterial vorgelegt wie Tintenkleckse, Bilder, unvollständige Zeichnungen oder Texte. Sie wird dann aufgefordert, frei zu beschreiben und zu interpretieren, was in ihnen zu sehen ist. So kann die Testperson in jeden neutralen Reiz ihre ganz persönlichen Bedeutungen hineinprojizieren. Es wird angenommen, daß diese Projektionen die unbewußten Bereiche der Persönlichkeit ansprechen und damit zur Aufklärung der zugrundeliegenden Persönlichkeitsstruktur verwendet werden können.

Es werden eine Reihe unterschiedlicher Verfahren angewendet, die sich formal in drei große Gruppen einteilen lassen:

- Formdeuteverfahren
- verbal-thematische Verfahren
- zeichnerische und Gestaltungsverfahren.

Formdeuteverfahren

Bei den Formdeuteverfahren bekommt die Testperson unstrukturiertes, nicht eindeutig erkennbares Reizmaterial vorgelegt, das gedeutet werden soll. Diese Deutungen werden nach den Richtlinien verschiedener Autoren klassifiziert und interpretiert. Bekanntestes Beispiel ist der Rorschach-Test (siehe folgende Seite).

Verbal-thematische Verfahren

Diese Verfahren sind dadurch charakterisiert, daß die Testpersonen Assoziationen bzw. Ergänzungen zu bestimmten Reizworten, angefangenen Sätzen oder bildhaft dargestellten Situationen geben soll. Sie beruhen auf der allgemeinen Annahme der projektiven Verfahren, daß in den Reaktionen die Einstellungen, Bedürfnisse, Neigungen, Befürchtungen und Konflikte der Testperson zum Ausdruck kommen. Zu den verbalthematischen Verfahren gehören Assoziations-, Ergänzungs- und Erzählverfahren.

Assoziationsverfahren bestehen aus Reizwörtern, die die Testperson mit dem ersten Einfall beantworten soll. Bei den Ergänzungsverfahren sind Satzanfänge oder unvollständige Geschichten durch freie Beantwortung zu ergänzen. Bei den Erzählverfahren sind zu Bildvorlagen mit mehrdeutigen sozialen Situationen Geschichten zu erzählen. Bekanntestes Beispiel ist der TAT (siehe folgende Seite).

Zeichnerische und Gestaltungsverfahren

Bei den zeichnerischen Verfahren sollen die Testpersonen Zeichnungen anfertigen (Zeichnen eines Menschen oder eines Baums) oder Reizvorgaben zu einer Zeichnung vervollständigen.

Bei den Gestaltungsverfahren wird die Testperson aufgefordert mit dem vorgegebenen Testmaterial (z. B. Farbplättchen oder geometrische Figuren) vorgegebene oder freie Themen darzustellen.

Rorschach-Test (RT)
H. Rorschach

Der Rorschach-Test ist der Prototyp der projektiven Formdeuteverfahren. Er besteht aus 10 symmetrischen Klecksbildern, die teilweise schwarzweiß, teilweise farbig sind und in Form, Schattierung und Komplexität variieren. Den Testpersonen werden die Klecksbilder in einer vorgeschriebenen Reihenfolge vorgelegt, und sie sollen beschreiben, was sie in jedem einzelnen sehen. Aus den Antworten, die nach komplizierten Schlüsseln ausgewertet werden, wird auf die Persönlichkeitsstruktur des Getesteten, seine Wahrnehmung der Umwelt und seine Konflikte geschlossen.

Thematischer Apperzeptions-Test (TAT)
H. A. Murray

Der TAT von Murray besteht aus einer Reihe von mehrdeutigen Bildern. Die Testperson wird aufgefordert, die Bilder zu deuten und zu jedem eine kleine Geschichte zu erzählen. Dazu wird meistens folgende Anweisung gegeben: »Ich werde Ihnen jetzt einige Bilder zeigen und bitte Sie, mir zu erzählen, was auf jedem Bild vorgeht, wie es zu dieser Szene gekommen ist und wie alles enden wird. Erzählen Sie so lebendig und dramatisch, wie es Ihnen möglich ist und fühlen Sie sich dabei ganz frei. Beschreiben Sie die Gefühle und Gedanken der abgebildeten Personen und kleiden Sie das Ganze in eine Handlung.«
Nach Murray kommen in den Geschichten der Testperson

die unbewußten Bedürfnisse, Motive, Erwartungen, Befürchtungen und Abwehrhaltungen des Erzählers zum Ausdruck. Der Psychologe wertet sowohl Form und Inhalt der Geschichten als auch das Verhalten beim Erzählen aus. Er kann z. B. zu dem Schluß kommen, daß der Bewerber gewissenhaft ist, wenn er TAT-Geschichten über Menschen erzählt, die alle ihre Verpflichtungen erfüllen und ihre Aufgaben zuverlässig, ernsthaft und genau ausführen.

Rosenzweig Picture Frustration Study (PFT)
S. Rosenzweig

Der PFT ist ein in vielen Ländern verbreitetes projektives Verfahren, um Aggressionen und ihre Verarbeitung in alltäglichen Belastungssituationen zu erfassen. Mit diesem Test lassen sich somit Eigenschaften untersuchen, die für das Arbeitsverhalten und Betriebsklima von großer Bedeutung sind.
Das Testheft enthält 24 skizzenartige Zeichnungen, in denen Frustrationssituationen dargestellt werden. In jeder Zeichnung sind zwei Personen zu sehen, von denen die linke in einer Sprechblase stets Dinge sagt, die für die rechte Person in irgendeiner Weise eine Frustration bedeuten. In die leere Sprechblase dieser Figur soll die Testperson die erste ihr einfallende Antwort schreiben. Bei dem Test geht man von der Annahme aus, daß sich die Testperson mit der benachteiligten Person identifiziert und ihr bestimmte für die eigene Person charakteristische Äußerungen zuschreibt.
Zur Auswertung wurde von Rosenzweig ein standardisiertes Auswertungsschema entwickelt. Die Antworten werden in bezug auf die Richtung und den Typ der Reaktion analysiert.

Satzergänzungstests

Satzergänzungstests werden in zahlreichen Testbatterien verwendet. Dabei sind unvollständige Sätze wie diese nach spontanen Einfällen zu ergänzen:
Ich möchte nie . . .
Es ärgert mich . . .
Es würde mir Spaß machen . .
Ich habe oft das Gefühl . . .
Durch die Anwendung des Tests soll erreicht werden, daß der Bewerber ohne es zu merken, Auskunft gibt über verborgene Einstellungen, Interessen, sein Gefühlsleben und seine Gedankenwelt.

Farbtests

Bei Farbwahltests bekommt die Testperson farbige Tafeln oder Plättchen vorgelegt, die auszuwählen oder zu ordnen sind. Psychologische Grundlage für die Interpretation bilden Erkenntnisse über die Wahrnehmung, die Erlebnisqualität und den Symbolgehalt von Farben. Danach haben die einzelnen Farben eine spezifische psychische Wirkung. Aus dem Verhalten gegenüber Farben lassen sich bestimmte Persönlichkeitsmerkmale erkennen. Die Zuordnung zwischen Farbe und Persönlichkeit ist allerdings keineswegs eindeutig.

Beispiele: Lüscher-Test, Farbpyramiden-Test
Beim Farbpyramiden-Test liegen 24 Testfarben in Form von quadratischen Farbblättchen vor. Mit ausgewählten Testfarben ist auf einer Vorlage zuerst eine »schöne« und dann eine »häßliche« Pyramide zu bilden.
Beim Lüscher-Test muß die Testperson angeben, welche von zwei oder mehreren Farben auf den in bestimmter Reihenfolge vorgelegten Farbtafeln ihr am besten und am wenigsten gefallen.

Bildauswahltests

Die Testperson bekommt eine Serie von Bildern vorgelegt, aus denen sie unsympathische und sympathische Bilder auswählen soll. Die getroffene Auswahl ermöglicht angeblich Rückschlüsse auf die Persönlichkeit.

Beispiel: Szondi-Test
Der von dem Psychiater Szondi entwickelte Test soll alle unbewußt im Menschen wirksamen Triebe und ihre Beziehungen zueinander sichtbar machen.
Dazu werden der Testperson sechs Bildserien mit je acht Fotos von geistig oder psychisch gestörten Personen vorgelegt. Sie hat die Aufgabe, aus jeder Serie die zwei sympathischsten und die zwei unsympathischsten auszuwählen, woraus dann die Rückschlüsse auf die Persönlichkeit abgeleitet werden. Für die Personalauswahl ist der Test absolut ungeeignet.

Zeichentests

Im Rahmen der Berufsberatung soll die Testperson häufig Zeichnungen anfertigen bzw. Reizvorgaben zu einer Zeichnung oder einem Bild vervollständigen. Angeblich soll sich die Testperson in die Zeichnung hineinprojizieren und dabei ihre Persönlichkeitsstruktur zum Ausdruck bringen.

Beispiel: Wartegg-Zeichen-Test (WZT)
Der Testperson wird ein Arbeitsblatt mit acht quadratischen Feldern vorgelegt. Jedes Feld enthält eine angefangene Zeichnung, die in freier Gestaltung zu einem kleinen Bild weiterentwickelt werden soll. Es kommt dabei nicht auf die zeichnerische Qualität, sondern auf den jeweiligen Einfall an. Aus dem Test werden Rückschlüsse auf die gesamte Persönlichkeit gezogen.

Weitere Auswahlverfahren

Biographischer Fragebogen

In den letzten Jahren werden immer häufiger biographische Fragebögen eingesetzt. Sie dienen dazu, die Vorauswahl der Bewerber zu optimieren. Inhaltlich sind sie vergleichbar mit dem traditionellen Einstellungsinterview, sie sind aber standardisiert und ermöglichen nach Meinung ihrer Anwender höhere Prognosen des Berufserfolgs als das Interview. Erfaßt werden soziodemographische Merkmale, bisherige Studien- und Berufserfahrungen, Einstellungen, Aktivitäten, Interessen und Gründe für die Berufswahl. Besonders die folgenden Eigenschaften sollen dadurch überprüft werden: Informationsverarbeitung, Kreativität, schulische Leistungen, Motivation, Persönlichkeits- und Sozialverhalten.

Das Verfahren ist aus der Praxis der Auswahl von Außendienstmitarbeitern im amerikanischen Versicherungswesen entstanden. Bei der Auswertung der Fragebögen werden die Antworten mit denen erfolgreich tätiger Mitarbeiter verglichen. Je größer dabei die Ähnlichkeit ist, um so wahrscheinlicher ist der künftige Berufserfolg.

Das Interviewbeurteilungssystem STAFF

STAFF steht für »standardisierter Interviewfragebogen für Führungskräfte«. Es handelt sich um ein von dem Personalberater Friederichs entwickeltes vielseitig verwendbares Beurteilungssystem für Führungskräfte und Spezialisten. Der Fragebogen kann sowohl bei Personaleinstellungen als auch bei Beurteilungs- und Auswahlprozessen im Rahmen der Personalentwicklung eingesetzt werden.

Das STAFF-Interview umfaßt 27 Fragen, womit drei Dimensionen erfaßt werden sollen, die als entscheidend für den Führungserfolg angesehen werden:

- Führungsfähigkeit
- Problemlösungsfähigkeit
- emotionale Stabilität/Belastbarkeit

Alle Fragen des STAFF zielen auf das Leistungs- und Arbeitsverhalten von Führungskräften. Der private Persönlichkeitsbereich des Bewerbers wird nicht erforscht.
Nach Friederichs zeichnet sich das STAFF-Interview durch folgende Vorteile aus:

- Erfassung der wesentlichen Leistungs- und Führungsdimensionen
- Kompetenz der Fragen als Voraussage für den Führungserfolg
- Kurze Form
- Klare, verständliche Fragen
- Einfache Durchführung
- Standardisierte Auswertung
- Transparente Darstellung der Ergebnisse in Profilform
- Nachweis der mathematisch-statistischen Gültigkeit

Die STAFF-Befragung dauert nur ca. 20 Minuten und ist damit ohne Schwierigkeiten während eines normalen Einstellungsinterviews durchführbar. Das Verfahren hat sich bisher aufgrund seiner ökonomischen Durchführung, seiner hohen Akzeptanz und Prognosefähigkeit bewährt.

Graphologische Gutachten und ihr Aussagewert

Die Beurteilung der Handschrift steht besonders bei der Einstellung von Führungskräften noch immer hoch im Kurs, obwohl diese Auswahlmethode von vielen Theoretikern angezweifelt und als unseriös abgelehnt wird. Wenn man also im Stellenangebot gebeten wird, ein handgeschriebenes Anschreiben, einen handgeschriebenen Lebenslauf oder eine Schriftprobe einzureichen, muß man damit rechnen, daß der Betrieb ein graphologisches Gutachten einholt.

Graphologen gehen davon aus, daß sich im Schriftbild das Wesen der Persönlichkeit ausdrückt und der Charakter des Schreibers widerspiegelt. Aus der Deutung der Schrift lassen sich daher Erkenntnisse über die allgemeinen Charaktereigenschaften, den augenblicklichen Seelenzustand und die Eignung des Bewerbers für eine bestimmte Position gewinnen. Befragungen haben ergeben, daß Personalberater und Unternehmen Schriftgutachten um so häufiger als zusätzliche Entscheidungshilfe heranziehen, je höher die zu besetzende Position ist.

Um Aussagen über die Eignung des Bewerbers und seine Persönlichkeit machen zu können, achten Graphologen bei Schriftanalysen besonders auf folgende Merkmale:

- Größe, Neigung, Weite, Gleichmäßigkeit der Schrift
- Ober- und Unterlängen von Buchstaben
- Schlaffheit, Druckstärke beim Schreiben
- Abwandlungen und Bereicherungen von Buchstaben
- Wortabstände und Wortunterbrechungen.

Der Stellenwert der einzelnen Merkmale und ihre diagnostische Bedeutung werden in der Regel vom Gesamtbild der Schrift her interpretiert. Im Schriftgutachten werden Aussagen über folgende Persönlichkeitsmerkmale gemacht:

- Geistige Fähigkeiten:
  z. B. Intelligenz, Kreativität, Auffassungsgabe, Denkweise, Abstraktionsfähigkeit, Flexibilität.
- Arbeitsweise:
  z. B. Initiative, Energie, Organisationsfähigkeit, Verantwortung, Leistungsmotivation, Sorgfalt, Zuverlässigkeit, Führungsfähigkeit.
- Soziales Verhalten:
  z. B. Kontaktfähigkeit, Extraversion, Introversion, Spontaneität, Aufgeschlossenheit, Impulsivität, Anpassungsvermögen, Durchsetzungsfähigkeit.
- Seelische Verfassung:
  z. B. emotionale Stabilität, Nervosität, Selbstbewußtsein, Ausgeglichenheit, Komplexe, Hemmungen.

Sicherlich ist die Handschrift ein sehr typisches und individuelles Merkmal eines Menschen. Die Unterschrift hat ja nicht umsonst ein so hohes Gewicht, und Nachahmungen und Fälschungen können von Schriftsachverständigen entlarvt werden. Als diagnostische wissenschaftliche Methode ist die Anwendung der Graphologie allerdings ziemlich umstritten. An den psychologischen Instituten der Universitäten steht sie im allgemeinen nicht auf dem Lehrplan. Es gibt keine Angaben über wissenschaftliche Gütekriterien und keine allgemein anerkannten Deutungsregeln. Zwischen den verschiedenen graphologischen Schulen bestehen teilweise erhebliche Widersprüche, so daß einzelne Schriftmerkmale ganz unterschiedlich gedeutet werden. Zudem können veränderte Gemütsverfassungen, Stimmungslagen und Krankheiten das Schriftbild gravierend beeinflussen. So wurde in einigen Untersuchungen nachgewiesen, daß die Übereinstimmung zwischen Handschrift und Charakter fast null ist.

Man kann also festhalten, daß die Ergebnisse graphologischer Gutachten nur mit großer Vorsicht zu genießen sind und der Aussagewert aufgrund vieler Fehlerquellen ziemlich gering ist.

Die rechtliche Seite sieht so aus: Wer sich um eine Stelle bewirbt und einen handgeschriebenen Lebenslauf einsendet, gibt damit stillschweigend seine Einwilligung zum graphologischen Gutachten. Allerdings gilt die Einwilligung nur insoweit als sich das Gutachten auf die Beurteilung arbeitsspezifischer Fähigkeiten und Merkmale beschränkt. Eine darüber hinausgehende umfassende Persönlichkeitsbegutachtung ist nicht zulässig und verletzt die gesetzlich geschützte Intimsphäre.

Die Konstruktion eines Tests

Die Konstruktion eines wissenschaftlichen Tests erfordert einen erheblichen Aufwand. Es reicht nicht aus, Aufgaben oder Fragen zu einem Testheft zusammenzustellen. Bis ein brauchbarer Test entwickelt ist, sind viele methodische Überlegungen und mathematisch-statistische Untersuchungen notwendig. Sie sollen hier einen kleinen Einblick darin erhalten, damit Sie Testverfahren besser beurteilen und gezielte Fragen nach ihren wissenschaftlichen Kriterien stellen können. Die einzelnen Schritte der Testkonstruktion werden Ihnen dazu in verständlicher Form dargestellt. Es werden folgende Phasen der Testkonstruktion unterschieden:

- Testentwurf
- Aufgabenkonstruktion
- Aufgabenanalyse
- Entwicklung der Testendform
- Eichung des Tests.

Der Testentwurf

Bevor man mit der Testkonstruktion beginnt, muß erst einmal das Ziel des Tests festgelegt werden. Dazu müssen zwei Fragen geklärt werden:

1. Welche Merkmale bzw. Merkmalsbereiche soll der Test erfassen?
2. Für welche Personengruppe soll der Test konstruiert werden?

Vor der Konstruktion eines Eignungstests muß daher eine Analyse der Anforderungen stehen, die für einen bestimmten Beruf oder eine bestimmte Stelle erforderlich sind. Will man z. B. einen Eignungstest für Büropersonal entwickeln, gibt es eine Reihe unterschiedlicher Leistungsanforderungen (Fähigkeiten, Kenntnisse, Eigenschaften), die an eine zukünftige Bürokraft gestellt werden: bestimmtes intellektuelles Niveau, schnelle Auffassungsgabe, Sorgfalt und Ordnung, gute Rechtschreibung, Kenntnisse in Maschinenschreiben, Kurzschrift, EDV-Textverarbeitung, Buchführung usw.

Steht fest, welches Merkmal oder welcher Merkmalsbereich durch den Test überprüft werden soll, müssen im nächsten Schritt alle Verhaltensweisen und Merkmalskriterien zusammengestellt und untersucht werden, die hier auftreten.

Aus dieser Merkmalsanalyse ergibt sich der strukturelle Aufbau des Tests. Bei einem einfachen Merkmal reicht ein Einzeltest aus, bei einem komplexen Merkmal wie Intelligenz ist eine Testbatterie erforderlich, wobei den verschiedenen Merkmalsbereichen entsprechende Untertests bzw. Spezialtests zugeordnet werden.

Der Entwurf der Testanweisung und Überlegungen zur Art der Aufgabenbewertung schließen diese Phase ab.

Die Aufgabenkonstruktion

Nach der psychologischen Merkmalsanalyse und der prinzipiellen Festlegung des strukturellen Testaufbaus erfolgt die Konstruktion konkreter Aufgaben, die die betreffenden Verhaltensweisen und Merkmale überprüfen und messen können.

Eine entscheidende Bedeutung im Rahmen der Aufgabenkonstruktion kommt auch der Festlegung der Aufgabentypen bzw. Antwortarten zu. Hier sollte darauf geachtet werden, daß eine objektive d. h. vom Auswerter unabhängige Auswertung möglich ist. Um die subjektiven Einflüsse bei der Testauswertung auszuschalten, sollten daher Aufgaben verwendet werden, die sich mit einer Schablone auswerten lassen, z. B. Richtig-Falsch-Aufgaben, Ja-Nein-Aufgaben, Mehrfachwahl-Aufgaben, Zuordnungsaufgaben.

Weiterhin müssen die Testbedingungen genau festgelegt werden, so daß der Test immer wieder unter gleichen Bedingungen wiederholt werden kann. Dazu muß die Testanweisung genau ausgearbeitet werden, die Testdauer und Testlänge (Anzahl der Aufgaben) und die Form der Darbietung festgelegt werden. Am Ende der Aufgabenkonstruktion steht der provisorische Testaufbau und die Festlegung der Aufgabenbewertung und Auswertung.

Diese Testvorform wird an einer Gruppe von Personen erprobt, die nach Alter, Geschlecht, sozialer Herkunft, Ausbildungsniveau und anderen Merkmalen der Personengruppe gleicht, bei der später der Test eingesetzt werden soll. Die Darbietung und statistische Auswertung der Testvorform dient der Aufgabenanalyse.

Die Aufgabenanalyse

Ziel der Aufgabenanalyse ist es, unbrauchbare oder nicht ausreichend geeignete Aufgaben aufzuspüren und sie zu verbessern oder zu ersetzen. Es geht also um die Auswahl der richtigen Aufgaben für den Test. Die wesentlichen Analysekriterien in diesem Stadium der Testkonstruktion sind die Schwierigkeit und Trennschärfe der einzelnen Aufgaben und die Verteilung der Testpunktwerte.

a) Schwierigkeitsanalyse
Der Schwierigkeitsgrad einer Aufgabe wird definiert durch die prozentuale Häufigkeit der Personen, die eine Aufgabe richtig beantworten. Dieser Index ist bei schwierigen Aufgaben niedrig, bei leichten hoch.

Bei Persönlichkeitsfragebogen, wo es nur Zustimmung und Ablehnung, Bejahung und Verneinung gibt, zählt die Antwort als »richtig«, die den fraglichen Merkmalsbereich anspricht.

b) Trennschärfeanalyse
Die Fähigkeit von Aufgaben, gute von schlechten Testpersonen zu unterscheiden, wird Trennschärfe genannt. Die Trennschärfe von Testaufgaben wird durch Korrelationskoeffizienten angegeben, die den Zusammenhang zwischen der Lösung einer Aufgabe mit den Lösungen im Gesamttest ausdrücken. Ein hoher Trennschärfe- Koeffizient besagt, daß die einzelne Aufgabe wesentlich häufiger von Personen mit hohem Gesamtpunktwert gelöst wird als von solchen mit niedrigem Gesamtpunktwert.
Aufgaben von mittlerer Schwierigkeit haben die höchste Trennschärfe, Aufgaben mit kleinem oder großem Schwierigkeitsgrad sind weniger trennscharf.

c) Analyse der Häufigkeitsverteilung der Rohwerte
Bei der Testkonstruktion kommt der Analyse der Häufigkeitsverteilung der Rohwerte eine wesentliche Bedeutung zu. Sie soll Auskunft darüber geben, ob der Test eine genügend weite Streuung der Punktwerte besitzt und ob die Verteilung der Punktwerte annähernd der sogenannten Normalverteilung entspricht. Das ist besonders im Hinblick auf die spätere Eichung des Tests wünschenswert.

Exkurs: Die Normalverteilung

Die Normalverteilung ist eine der wichtigsten Grundlagen der gesamten Testpsychologie.
Messen wir beispielsweise die Körpergröße aller Menschen in der BRD, so können wir feststellen, daß es zahlreiche mittelgroße Personen, jedoch nur wenige sehr klei-

ne und sehr große Menschen gibt. Man geht davon aus, daß psychische Merkmale wie beispielsweise die Intelligenz ebenso verteilt sind. Allgemein wird angenommen, daß mittlere Ausprägungen eines Merkmals bei einer großen Zahl von Personen auftreten, während sehr kleine und sehr große Ausprägungen nur selten vorkommen. Stellt man diese Häufigkeitsverteilung graphisch dar, so ergibt sich die in der Abbildung gezeigte glockenförmige Kurve. Diese Verteilung wird als Normalverteilung bezeichnet. Der Mathematiker Gauß hat die mathematischen Grundlagen dieser glockenförmigen Häufigkeitsverteilung erarbeitet und ihre charakteristischen Merkmale beschrieben. Sie ist deshalb auch als Gaußsche Glockenkurve bekannt.

Wegen ihrer Wichtigkeit für die Testpsychologie wollen wir uns die Normalverteilung noch etwas genauer ansehen und ihre wesentlichen Merkmale kennenlernen.

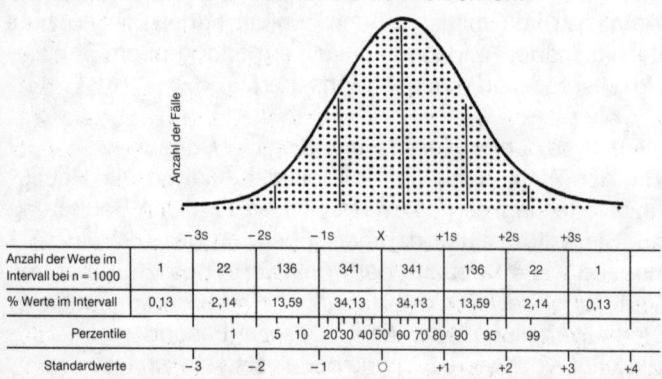

	−3s	−2s	−1s	X	+1s	+2s	+3s
Anzahl der Werte im Intervall bei n = 1000	1	22	136	341	341	136	22	1
% Werte im Intervall	0,13	2,14	13,59	34,13	34,13	13,59	2,14	0,13
Perzentile		1	5 10	20 30 40 50	60 70 80	90 95	99	
Standardwerte	−3	−2	−1	0	+1	+2	+3	+4

Die Abbildung zeigt die Verteilung der Werte, die zu erwarten ist, wenn 1000 zufällig ausgewählte Personen hinsichtlich ihrer Körpergröße, Intelligenz oder anderer Merkmale gemessen werden. Jeder Punkt gibt den Wert einer Person an. Die horizontale Achse zeigt die Meßwerte, die vertikale Achse gibt an, wie viele Personen auf jeden Ausprägungsgrad eines Merkmals entfallen. Gewöhnlich wird nur die Kurve dargestellt, die die Häufigkeit angibt, mit der jeder Meßwert auftritt. Die meisten empirisch gewonnen Kurven sind Annäherungen an die Normalverteilungskurve.

Bei der Normalverteilungskurve können die Meßwerte über einen weiten Bereich verteilt sein oder sehr nahe am Mittelwert liegen. Das am häufigsten verwendete Maß für die Variabilität oder Streubreite von Meßwerten ist die Standardabweichung. Sie gibt die durchschnittliche Entfernung an, mit der einzelne Werte vom Mittelwert abweichen. Je stärker die Werte streuen, desto größer ist die Standardabweichung. Je kleiner die Standardabweichung, desto enger liegen die Meßwerte um den Mittelwert gruppiert.

Für Psychologen ist die Normalverteilung sehr nützlich. Da die Standardabweichungen über die ganze Streubreite der Meßwerte gleich verteilt sind, eignen sie sich hervorragend als Einteilungspunkte für die Klassifikation von Meßwerten. Die Standardabweichung unterteilt nämlich die Normalverteilung in Intervalle, die einen bestimmten Prozentsatz der Fälle enthalten. In der Abbildung sind die Standardabweichungen und die damit verbundenen Prozentsätze auf der horizontalen Achse eingetragen. Aus ihr kann man ablesen, daß das Intervall zwischen dem Mittelwert und einer Standardabweichung über oder unter dem Mittelwert immer 34 % der Fälle enthält. Ein Meßwert, der eine Standardabweichung über dem Mittelwert liegt, wird von 16 % der Werte übertroffen und übertrifft selbst 84 % der Werte. Sind Standardabweichung und Mittelwert bekannt, kann man bei einer Normalverteilung fast unmittelbar den Prozentrang eines Meßwertes angeben.

Die Entwicklung der Testendform

Nach Abschluß der Aufgabenanalyse wird die endgültige Aufgabenauswahl getroffen. Außerdem werden die Anordnung der Aufgaben, das Testmaterial, die Instruktion und die genauen Durchführungsbedingungen endgültig festgelegt. Damit liegt die vorläufige Testendform vor. Diese wird erneut einer repräsentativen Stichprobe vorgegeben und auf die wesentlichen Gütekriterien Validität, Reliabilität und Objektivität untersucht, d. h. es wird überprüft, ob der Test das Merkmal wirklich mißt, ob er es exakt mißt und schließlich, ob die Meßwerte unabhängig von der Person des Testanwenders sind.

Die Eichung des Tests

Die Testentwicklung endet mit der Eichung des Tests. Sie dient dazu, durchschnittliche Testpunktwerte für bestimmte Personengruppen anhand einer repräsentativen Stichprobe zu ermitteln. Diese Werte bilden dann die Normen, die den Vergleich der individuellen Testleistung in Relation zu dieser Gruppe ermöglichen.

Dazu wird die Testendform einer repräsentativen Stichprobe der Personengruppe vorgelegt, mit der später der Test durchgeführt werden soll. Diese Stichprobe umfaßt bei den bekannten Tests oft mehrere Tausend Personen. Sie wird so ausgewählt, daß sie in ihrer Zusammensetzung hinsichtlich der Personenmerkmale Alter, Geschlecht, Ausbildungsabschluß, Beruf usw. genau der Personengruppe entspricht, die später mit diesem Test untersucht werden soll. Es handelt sich also um ein verkleinertes Abbild dieser Gesamtgruppe. Die Ergebnisse der Stichprobe werden nach verschiedenen Kriterien ausgewertet und bilden dann den Vergleichsmaßstab, mit dem die individuellen Leistungen verglichen werden können.

Man kann sich leicht vorstellen, daß Normen nach jahrelanger Anwendung eines Tests allmählich ihre Gültigkeit verlieren können und eine erneute Testeichung notwendig machen. Das liegt daran, daß sich die Fähigkeiten, Leistungen oder Eigenschaften einer Bevölkerungsgruppe verändern oder die Inhalte verschiedener Testitems im

Laufe der Zeit veralten können. Daher sollten Testeichungen nach einigen Jahren neu durchgeführt werden. Diesem Umstand wird allerdings nur in seltenen Fällen Rechnung getragen, so daß eine Reihe der im Umlauf befindlichen Tests inzwischen veraltet sind und auf überholten Normen basieren.

Fazit:
Ein Test ist also erst dann brauchbar, wenn die Testaufgaben, der Ablauf der Untersuchung und die Auswertung unter kontrollierten Bedingungen an einem geeigneten Verfahren entwickelt und allgemein verbindliche Normwerte ermittelt worden sind. Durch experimentelle und statistische Prüfungen der Reliabilität und Validität der Testergebnisse sollte erwiesen sein, daß der Test wirklich die Fähigkeiten, Merkmale und Verhaltensweisen, für deren Untersuchung er entwickelt wurde, treffsicher und zuverlässig erfassen kann. Erst wenn ein Test alle Stufen und Prüfstationen erfolgreich passiert hat, kann er in der Praxis sinnvoll angewendet werden.

Die Auswertung und Interpretation von Tests

Ermittlung des Rohwerts

Wie geht nun der Psychologe bei der Auswertung eines Tests vor? Zuerst wird die Anzahl der richtig gelösten Aufgaben ermittelt. Dazu verwendet er normalerweise Auswertungsschablonen, um Auswertungsfehler zu vermeiden. Für eine richtige Antwort gibt es einen Punkt, egal ob es sich um eine leichte oder schwierige Aufgabe handelt. Die Summe der Punkte wird als Rohwert bezeichnet.

Mit dem Rohwert allein kann man allerdings noch nicht viel anfangen. Man weiß damit noch nicht, wie eine Leistung zu beurteilen ist und wie gut oder schlecht ein Wert einzustufen ist. Diese Frage kann man erst beantworten, wenn man die einzelnen Testleistungen mit den Leistungen anderer Personen vergleicht.

Stufen der Normenentwicklung

Um den Vergleich von Testleistungen zu ermöglichen, sind Normen erforderlich. Die Normen werden bei der Eichung eines Tests gewonnen und sind in den Handanweisungen standardisierter Tests enthalten. Auf dem Weg bis zur Entwicklung ausgearbeiteter Normen zur Auswertung von Tests lassen sich unterschiedliche Stufen unterscheiden:

1. Rangordnungen
2. Häufigkeitsverteilungen

3. Prozentränge
4. Standardwerte
5. Gruppennormen

Rangwerte

Auf der untersten Stufe der Testauswertung lassen sich die Rohwerte aller Teilnehmer in eine Rangfolge bringen. Die Rangordnung ermöglicht es, alle Teilnehmer eines Tests miteinander zu vergleichen.

Häufigkeitsverteilungen

Auf der nächsten Stufe kann man die Testwerte in einer Häufigkeitsverteilung darstellen. Das hat den Vorteil, daß gleiche Meßwerte zusammengefaßt werden.
Wir können weiterhin den Mittelwert unserer Stichprobe berechnen, indem wir die Rohwerte aller Personen zusammenzählen und die Summe durch die Anzahl der Personen teilen. Die Kenntnis des Mittelwertes ermöglicht es uns, die Testleistungen grob nach überdurchschnittlich, durchschnittlich und unterdurchschnittlich einzuteilen.
Rangordnungen und Häufigkeitsverteilungen sind allerdings mit einem entscheidenen Nachteil verbunden. Wie erfolgreich man ist, hängt vom Niveau der jeweils getesteten Personengruppe ab, so daß man in der einen Gruppe den ersten Platz in einer anderen vielleicht nur den letzten Platz bekommen kann.
Dieses Problem läßt sich erst durch die Eichung eines Tests lösen. Dadurch gewinnt man Vergleichsmaßstäbe, die unabhängig sind von den Personen, die sonst an einem Test teilnehmen. Die Rohwerte lassen sich dann zum besseren Leistungsvergleich in diese Normwerte – Prozentränge und Standardwerte – umwandeln.

Prozentränge

Der Prozentrang eines Rohwertes gibt an, welcher Prozentsatz von Personen der Vergleichsgruppe den gleichen oder einen niedrigeren Rohwert erzielt. Prozentränge erfreuen sich einer großen Beliebtheit, weil mit Ihnen der relative Standort eines Testwertes gut veranschaulicht werden kann.

Ein Prozentrang von 70 läßt sich so interpretieren: Eine Person mit einem Prozentrang von 70 übertrifft damit 70 % der Personen einer Vergleichsstichprobe; 30 % der Personen erreichen einen höheren Wert. Jeder beliebige Rangplatz kann in ähnlicher Weise erklärt werden.

Bei der Interpretation von Prozentrangwerten ist jedoch große Vorsicht geboten. Sie täuschen eine Meßgenauigkeit vor, die ein Test gar nicht besitzt. Da sich die Rohwerte im mittleren Bereich der Normalverteilung konzentrieren, können hier geringfügige Veränderungen im Rohwert zu großen Veränderungen im Prozentrang führen. Rohwert-Unterschiede im mittleren Bereich werden durch die Prozentrangskala also größer dargestellt als sie tatsächlich sind.

Standardwerte

Es wird also ein Wert benötigt, der von diesen Verzerrungen unabhängig ist. Dieser Wert ist der Standardwert. Ein Standardwert gibt einen Rohwert als bestimmte Abweichung vom Mittelwert an, gemessen in Einheiten der Standardabweichung.

Erst mit Hilfe der Standardwerte lassen sich die Rohwerteverteilungen unterschiedlicher Tests vergleichen. Die Skala der Standardwerte ist so festgelegt, daß der Mittelwert immer 100 beträgt, unabhängig davon, wie hoch der Mittelwert der Rohwerte-Verteilung ist. Die Skala hat weiterhin die Eigenschaft, daß zwischen den Standardwerten

90 und 110 etwa 68 % aller Personen der Stichprobe liegen, zwischen den Standardwerten 80 und 120 rund 95 % und die restlichen 5 % der Personen oberhalb und unterhalb dieser Werte. Diese Intervalle zur Klassifikation von Meßwerten ergeben sich aus den mathematischen Eigenschaften der Normalverteilung. Wir haben sie dort schon kennengelernt.

Gruppennormen

Bei vielen Tests ist es außerdem sinnvoll, die Rohwerte in Altersstufen- oder andere Gruppennormen zu verwandeln. Diese Normen repräsentieren die Rohwerte, die im Durchschnitt von den Personen einer bestimmten Gruppe erreicht werden. Die Handbücher standardisierter Tests enthalten gewöhnlich Tabellen zur Umwandlung von Rohwerten in die Standardwerte und Prozentränge der entsprechenden Gruppen. Beispielsweise lassen sich Altersnormen, geschlechtsspezifische Normen, Normen für bestimmte Bildungsstufen und Berufsgruppen unterscheiden.

Die Bedeutung des Meßfehlers für die Testinterpretation

Psychologische Messungen können nie hundertprozentig zuverlässig sein, denn es gibt eine Reihe von unkontrollierbaren Faktoren, die das Meßergebnis beeinflussen können. Zu diesen Einflüssen gehören die äußeren Umstände der Testsituation und die jeweilige Verfassung der Testperson, die durch den Gesundheitszustand, durch ihre Stimmungen, ihre Motivation, Aufmerksamkeit und Ermüdung bestimmt wird. Ein wesentlicher Faktor ist auch die Testangst, wodurch die Testleistung entscheidend beeinflußt werden kann.

Jeder Testwert ist daher mit einem gewissen Meßfehler behaftet, der als Standardmeßfehler bezeichnet wird. Seine Größe läßt sich berechnen. Wenn wir den Standardmeßfehler kennen, können wir zu jedem beobachteten Wert einen Vertrauensbereich angeben, in dem mit einer bestimmten Wahrscheinlichkeit der »wahre« Testwert einer Person liegt.

Beim Vergleich von Testleistungen muß man daher berücksichtigen, daß gewisse Differenzen durch den Meßfehler verursacht sein können. Die Kenntnis des Standardmeßfehlers und der Vertrauensgrenzen ist damit für die Interpretation von Testwerten von entscheidender Bedeutung.

Das psychologische Eignungsgutachten

Das psychologische Eignungsgutachten enthält eine zusammenfassende Darstellung und Beurteilung der Leistungen und Persönlichkeitsmerkmale aufgrund der erzielten Testergebnisse in bezug auf einen bestimmten Arbeitsplatz.

Die Aussagen im Gutachten müssen sich auf die Beurteilung arbeitsspezifischer Merkmale beschränken. Eine umfassende Persönlichkeits- und Charakterbeurteilung ist im Eignungsgutachten also nicht zulässig.

Beispiel für ein Eignungsgutachten

Damit Sie wissen, wie ein Eignungsgutachten für eine Bewerbervorauswahl aussehen kann, hier ein Beispiel:

Psychologisches Gutachten

Betreff: Psychologische Begutachtung von Herrn
Peter Hollmann, geb. am 08.07.1968, wohn-
haft in 4600 Bochum 1, Mittelstr. 17, im Rah-
men der Bewerbervorauswahl für das ...
Ausbildungsprogramm bei der Allgemeinen
Versicherungs-AG.

Herr Peter Hollmann unterzog sich am 20.05.1988 im
Rahmen eines Bewerberauswahlverfahrens einer
vierstündigen psychologischen Eignungsuntersuchung, bei der folgende Leistungen und Persönlichkeitsmerkmale getestet wurden:

1. die intellektuellen Leistungen
2. die bürokaufmännischen Fertigkeiten
3. die Konzentrationsfähigkeit
4. die berufsbezogenen Persönlichkeitsmerkmale

Die Auswertungen der durchgeführten Testverfahren
ergaben folgende Ergebnisse:

Zum Intelligenztest

In dem durchgeführten Intelligenztest, bei dem unter
Zeitdruck intellektuelle Leistungen zu erbringen sind,
die einen Einblick in die Struktur der Intelligenz und
Aussagen über die Berufseignung ermöglichen, erreicht Herr Hollmann mit einem Gesamtstandardwert
von 117 und einem IQ von 126 ein überdurchschnittliches intellektuelles Niveau. Dabei übertrifft er 95 %
seiner Altersgruppe.

Bei Aufgaben, die Urteilsbildung, Wirklichkeitssinn
und Selbständigkeit im Denken verlangen, erbringt
Herr Hollmann überdurchschnittliche Leistungen.

Dabei ist er in der Lage, sich recht gut in den Bedeu-
tungsgehalt von Worten einzufühlen und ihn zu erfassen.

Er kann Beziehungen, Regeln und Gesetzmäßigkeiten gut erkennen. Beweglichkeit und Umstellfähigkeit im Denken sind bei ihm ebensogut ausgeprägt.

Bei der Lösung von Aufgaben geht er logisch vor. Er kann sehr gut abstrahieren und Gemeinsamkeiten erkennen. Bei der Wiedergabe gelernter Wörter zeigt sich, daß die Merkfähigkeit des Herrn Hollmann sehr gut ausgebildet ist. Routinemäßige, sachbezogene rechnerische Aufgaben kann er sehr gut lösen. Nur etwa 5 % schneiden hierbei genauso oder besser ab. Ebenso gelingt es ihm gut, theoretisch rechnerische Probleme zu bewältigen, wobei er Zahlenreihen induktiv sicher fortsetzen kann. Das weist auf eine ausgeprägte Beweglichkeit im mathematisch-theoretischen Denken hin. Seine Fähigkeit, Flächen und Formen sicher zu erkennen, zeigt, daß er im anschaulich-ganzheitlichem Denken räumliche Beziehungen herstellen kann.

Hierbei kann sich Herr Hollmann räumliche Gebilde gut vorstellen, was darauf hinweist, daß seine technisch-konstruktiven Fähigkeiten gut ausgebildet sind.

Zum Büro-Test

Die sechs Aufgaben des verwendeten Büro-Tests bieten eine komplexe, büromäßige Arbeitssituation, zu deren Bewältigung entsprechende praktisch-kaufmännische Fertigkeiten notwendig sind. Im einzelnen wurden dabei folgende Aspekte untersucht:

* Ordnen und Verteilen von Aufgaben
* Arbeitsabläufe planen
* Umgang mit Zahlen

Herr Hollmann erreichte mit seinen Leistungen einen Gesamtstandardwert von 112, was einem Prozentrang von 88 % entspricht. Nach diesem Ergebnis können seine Leistungen bei büromäßigen und kaufmännischen Tätigkeiten als überdurchschnittlich eingestuft werden.

Zum Konzentrationstest

Die Leistungsmenge und das Arbeitstempo von Herrn Hollmann in intelligenzunabhängigen Leistungssituationen, bei denen es auf die Fähigkeit ankommt, ähnliche Kleindetails schnell und sicher in relativ kurzer Zeit zu unterscheiden, was bei leichten Routineaufgaben einen beträchtlichen Teil der Konzentration und Aufmerksamkeit ausmacht, liegt, gemessen an seiner Altersnorm, über dem Durchschnitt. Hier wird er nur von 12 Prozent der Gleichaltrigen übertroffen.

Der Leistungsverlauf ist ausgeglichen. Die Leistungsgüte, die sich in der Zahl der Fehler ausdrückt, ist überdurchschnittlich, was auf große Ausdauer und Genauigkeit schließen läßt.

Betrachtet man die quantitative und die qualitative Leistung von Herrn Hollmann im Zusammenhang, so sind sein Arbeitstempo und seine Genauigkeit als überdurchschnittlich zu bezeichnen. Damit kann insgesamt gesagt werden, daß Herr Hollmann bei dieser Art von Konzentrationsaufgaben sorgfältig und zügig arbeitet.

Zum Persönlichkeitstest

Der verwendete Persönlichkeitsfragebogen dient zur Feststellung einer Reihe von Persönlichkeitsmerkmalen, denen im Berufsleben eine zentrale Bedeutung zukommt. Die Beurteilung basiert auf Stellungnahmen, die der Testteilnehmer zu vorgegebenen Aussagen abgibt.

Herr Hollmann schildert sich als strebsam, fleißig und zielstrebig. Er ist kontaktfreudig, freundlich und anderen Menschen gegenüber aufgeschlossen und hilfsbereit. Bei seiner Arbeit ist er ausdauernd und beharrlich und gibt auch bei anstehenden Problemen nicht gleich auf. Dabei handelt er vorsichtig und überlegt und geht keine Risiken ein. Herr Hollmann zeigt einen ausgeprägten Ordnungssinn und stellt sich als korrekt und zuverlässig dar. Insgesamt ist er neuen Wissensgebieten gegenüber aufgeschlossen und lernbereit.

Zusammenfassende Bewertung

Im Rahmen dieser Begutachtung sollte mit verschiedenen psychologischen Testverfahren eine qualifizierte Bewerberauswahl getroffen werden.

Bezüglich seiner intellektuellen Leistungsfähigkeit zeigte Herr Peter Hollmann ein überdurchschnittliches Niveau.

Ein entsprechend gutes Leistungsniveau zeigte er bei intelligenzunabhängigen Routineaufgaben, bei denen es auf Aufmerksamkeit und Konzentrationsfähigkeit ankommt.

Auch bei büromäßig-kaufmännischen Tätigkeiten zeigte er überdurchschnittliche Leistungen.

Die berufsbezogenen Persönlichkeitsmerkmale des Herrn Hollmann passen gut in das geforderte Anforderungsprofil.

Die Bewerbungsunterlagen des Herrn Hollmann machen einen sauberen, ordentlichen Eindruck und sind vollständig und korrekt. Die Beurteilungen in den eingesandten Zeugnissen sind gut und erfüllen die Anforderungen.

Insgesamt kann man sagen, daß Herr Hollmann aufgrund der Testergebnisse und der eingesandten Bewerbungsunterlagen für das ... Ausbildungsprogramm in Frage kommt.

Unterschrift
Diplom-Psychologe

Intelligenzprofil gemessen mit dem IST-70

1 = Urteilsbildung
2 = Erfassen von sprachlichen Bedeutungsgehalten
3 = Kombinationsfähigkeit
4 = Sprachliche Abstraktionsfähigkeit
5 = Merkfähigkeit
6 = Praktisch-rechnerisches Denken
7 = Theoretisch-rechnerisches Denken
8 = Vorstellungsfähigkeit
9 = Räumliches Vorstellenkönnen

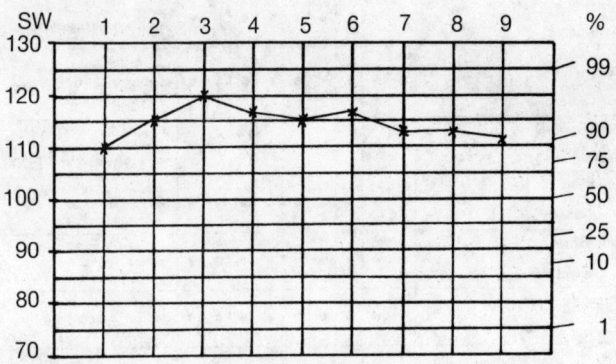

Persönlichkeitsprofil gemessen mit der PRF

Skala	RW	St	1	2	3	4	5	6	7	8	9	
Achievement (Ac) Leistungsstreben	15	8	•	•	•	•	•	•	•	X	•	(zielstrebig, fleißig, strebsam, ehrgeizig)
Affiliation (Af) Geselligkeit	12	7	•	•	•	•	•	•	X	•	•	(gesellig, kontaktfreudig, freundschaftlich, umgänglich)
Aggression (Ag) Aggressivität	1	2	•	X	•	•	•	•	•	•	•	(aggressiv, streitbar, reizbar, angriffslustig)
Dominance (Do) Dominanzstreben	10	6	•	•	•	•	•	X	•	•	•	(dominant, bestimmend, tonangebend, sich durchsetzend)
Endurance (En) Ausdauer	14	8	•	•	•	•	•	•	•	X	•	(ausdauernd, beharrlich, standfest, unermüdlich)
Exhibition (Ex) Bedürfnis nach Beachtung	6	4	•	•	•	X	•	•	•	•	•	(sich zur Schau stellend, auffallend, überschwenglich, großspurig)
Harmavoidance (Ha) Risikomeidung	12	7	•	•	•	•	•	•	X	•	•	(vorsichtig, meidet Gefahr, geht keine Risiken ein, leicht beunruhigt)
Impulsivity (Im) Impulsivität	3	2	•	X	•	•	•	•	•	•	•	(impulsiv, spontan, kurz entschlossen, unbeständig)
Nurturance (Nu) Hilfsbereitschaft	15	8	•	•	•	•	•	•	•	X	•	(fürsorglich, mitfühlend, hilfreich, teilnahmsvoll, beschützend)
Order (Or) Ordnungsstreben	16	9	•	•	•	•	•	•	•	•	X	(ordentlich, diszipliniert, korrekt, systematisch, zuverlässig)
Play (Pl) Spielerische Grundhaltung	4	3	•	•	X	•	•	•	•	•	•	(verspielt, lebensfroh, unbekümmert, ausgelassen)
Social Recognition (Sr) Soziales Anerkennungsbedürfnis	7	5	•	•	•	•	X	•	•	•	•	(sucht Anerkennung, höflich, bemüht um guten Ruf, förmlich)
Succorance (Su) Anlehnungsbedürfnis	4	4	•	•	•	X	•	•	•	•	•	(sucht Unterstützung, läßt sich gerne beraten, hilfsbedürftig, zutraulich)
Understanding (Un) Allgemeine Interessiertheit	14	8	•	•	•	•	•	•	•	X	•	(wißbegierig, interessiert, überlegend, verstandesgeprägt)
cum % Werte:			4	11	23	40	60	77	89	96	100	

Rechtliche Probleme bei der Anwendung von Tests

Grundsätze für die Anwendung psychologischer Eignungstests

Damit Sie sich gegen fragwürdige Tests und unseriös durchgeführte Testuntersuchungen wehren können, werden in diesem Kapitel die Grundsätze und rechtlichen Richtlinien zur Durchführung psychologischer Tests aufgeführt. Sie stützen sich im wesentlichen auf die Grundsätze für die Anwendung psychologischer Eignungsuntersuchungen in Wirtschaft und Verwaltung, die der Berufsverband Deutscher Psychologen erarbeitet hat.

Einwilligung des Bewerbers

Der Bewerber gibt seine Einwilligung zur Durchführung eines psychologischen Testverfahrens durch seine Teilnahme an der Testuntersuchung.

Die fachliche Leitung des Tests

Psychologische Testverfahren dürfen nur von Diplom-Psychologen durchgeführt werden. Das bedeutet, daß der Testleiter ein staatlich anerkanntes Hochschulstudium der Psychologie ordnungsgemäß abgeschlossen haben muß. Nur der Diplom-Psychologe hat eine ausreichende Ausbildung in Testtheorie, kennt die eingesetzten Testverfahren genau und kann sie hinsichtlich ihrer Aussagefähigkeit beurteilen. Erst mit diesem Hintergrundwissen ist eine sinnvolle Interpretation von Testergebnissen möglich. Liegt diese Qualifikation nicht vor, kann ein Bewerber berechtigterweise die Teilnahme am Test verweigern. Nicht-Psychologen dürfen nur als Hilfskräfte unter Anleitung und Kontrolle eines Psychologen psychologische Tests durchführen.

Anforderungen an psychologische Eignungsuntersuchungen

Bei der Planung, Durchführung und Ergebnisbehandlung psychologischer Eignungsuntersuchungen sind rechtliche, berufsethische und wissenschaftlich-psychologische Anforderungen zu beachten.

Der Psychologe trägt die Verantwortung dafür, daß die Eignungsdiagnostik wissenschaftlich-empirischen Grundsätzen folgt und fachmännisch von ihm und seinen Helfern durchgeführt wird.

Der Psychologe muß sich Klarheit darüber verschaffen:

- ob es gerechtfertigt ist, eine psychologische Eignungsuntersuchung durchzuführen,
- zu welchem Zweck sie erfolgen soll,
- in wessen Auftrag er handelt,
- welche Konsequenzen sich aus der psychologischen Eignungsuntersuchung ergeben,
- wie die Rechte und Interessen der Untersuchten zu wahren sind.

Planung der Eignungsuntersuchungen

Psychologische Eignungsuntersuchungen haben den Zweck, entweder in differenzierter Weise die Eignung von Personen für eine bestimmte Ausbildung und/oder Tätigkeit zu ermitteln (Auswahlentscheidung) oder für eine bestimmte Person aus mehreren verfügbaren Tätigkeiten eine geeignete Tätigkeit auszuwählen (Plazierungsentscheidung).

Vor der psychologischen Eignungsuntersuchung ermittelt der Psychologe die Anforderungen der betreffenden Tätigkeit. Sie bilden die Grundlage für Art, Zielrichtung und Umfang der Untersuchung. Ohne vorherige Anforderungsanalyse ist die Anwendung psychologischer Eignungsuntersuchungsverfahren nicht zu rechtfertigen.

Der Psychologe entscheidet über die Auswahl der psychologischen Untersuchungsverfahren nach folgenden Prinzipien:

- sie dürfen die grundsätzlich geschützte Intimsphäre nicht verletzen,
- sie müssen den Mindestanforderungen der Testtheorie genügen; dazu gehören die Gütekriterien: Gültigkeit (Validität), Zuverlässigkeit (Reliabilität) und Objektivität,
- sie müssen dem jeweiligen Untersuchungszweck angemessen sein, d. h., es sind nur solche Verfahren anzuwenden, die sich auf die jeweiligen Tätigkeitsanforderungen beziehen,
- sie sollen die Durchführung und Auswertung für die zu untersuchende Person einsichtig machen.

Verfahren, die über keine ausreichende theoretische wie methodische Basis verfügen, sowie projektive Untersuchungsverfahren und klinisch-diagnostische Tests wendet der Psychologe bei psychologischen Eignungsuntersuchungen im Betrieb grundsätzlich nicht an.

Die obengenannten Prinzipien gelten grundsätzlich auch für die Praxis der Assessment-Center-Technik.

Aufklärungspflicht des Psychologen

Zu Beginn jeder Untersuchung hat der leitende Psychologe in groben Zügen bekanntzugeben, welche Eignungsmerkmale geprüft und welche Verfahren eingesetzt werden sollen. Folgende Punkte sollten erläutert werden:

- Sinn und Zweck der Untersuchung,
- das Gewicht der Testergebnisse im Rahmen des Auswahlverfahrens,
- den Ablauf der Untersuchung,
- die Art der Aufgaben, ihre Durchführung, die Auswertung und Bekanntgabe der Ergebnisse.

Durch die Aufklärung soll erreicht werden, daß die Vorgehensweise des Psychologen für die Testperson einsichtig wird. Der Aufklärungspflicht braucht natürlich nicht so detailliert nachgekommen zu werden, daß der Untersuchungserfolg gefährdet würde.

Auskunft über das Testergebnis

Der Psychologe stellt die Erkenntnisse aus den nach der Untersuchung ausgewerteten Unterlagen in einem kurzen Eignungsuntersuchungsergebnis und/oder in einem ausführlichen schriftlichen Gutachten dar. Das Gutachten muß auf das Arbeitsverhalten und die Leistungsmerkmale des Getesteten beschränkt bleiben.

Der Psychologe muß dem Untersuchten auf dessen Wunsch das Testergebnis und gegebenenfalls das Eignungsgutachten und die darin zusammengefaßten Einzelergebnisse mitteilen und erläutern. Er kann dabei auf praktische Folgerungen hinweisen und den Untersuchten beraten, wie er Schwächen abbauen kann.

Allerdings hat der Bewerber keinen Rechtsanspruch auf Herausgabe des psychologischen Gutachtens, da dieses im Auftrag des Arbeitgebers angefertigt wird und er auch die Kosten dafür trägt.

Der Psychologe ist bei der Weitergabe von Untersuchungsergebnissen an den Auftraggeber oder dritte Personen an seine gesetzliche Schweigepflicht nach § 203 StGB gebunden. Für die Fragestellung nicht relevante Informationen, die ihm während der Untersuchung anvertraut oder sonst bekanntgeworden sind, darf der Psychologe nur weitergeben, wenn er ausdrücklich von seiner Schweigepflicht entbunden worden ist.

Rechtliche Beurteilung von Testverfahren

Unzulässige Fragen in Persönlichkeitstests

Bei der Anwendung psychologischer Testverfahren muß der Schutz der Privatsphäre des Bewerbers oder Mitarbeiters gewahrt bleiben. Um diesen Schutz zu gewährleisten, müssen psychologische Eignungstests auf die Untersuchung arbeitsspezifischer Merkmale beschränkt bleiben, d. h. es darf nur der Bereich der Persönlichkeit erfaßt werden, der mit dem Arbeitsverhältnis oder der zu besetzenden Stelle in unmittelbarer Beziehung steht. Eine darüber hinausgehende umfassende Persönlichkeits- oder Charakterbegutachtung ist nicht zulässig.

Bei Persönlichkeitstests besteht besonders leicht die Gefahr des Eingriffs in die Privatsphäre des einzelnen. Fragen, die den persönlichen Bereich betreffen und einer umfassenden seelischen Durchleuchtung dienen, sind daher im Rahmen von Eignungsuntersuchungen nicht zulässig. Dazu gehören eindeutig Fragen aus dem sexuellen Bereich, zur gesundheitlichen und seelischen Verfassung der Testperson und zu religiösen Vorstellungen.

Der MMPI enthält besonders viele Fragen, die die Privatsphäre in unzumutbarer Weise verletzen. Die nachfolgenden Fragen aus dem MMPI sind im Rahmen eines Personalauswahlverfahrens eindeutig unzulässig und verstoßen gegen die Menschenwürde.

Fragen zur gesundheitlichen Verfassung:
  14. Einmal oder mehrmal im Monat habe ich Durchfall.
  18. Ich leide selten an Verstopfung.
  474. Ich muß nicht öfter als andere Wasser lassen.
  486. Ich habe nie Blut in meinem Urin bemerkt.

Fragen zur seelischen Verfassung:
  27. Manchmal bin ich von bösen Geistern besessen.
  50. Meine Seele verläßt manchmal meinen Körper.

184. Ich höre häufig Stimmen, ohne zu wissen, woher sie kommen.
350. Ich höre seltsame Dinge, wenn ich allein bin.
363. Manchmal empfand ich Freude daran, von jemandem verletzt zu werden, den ich liebte.

Fragen zum Liebesleben und zum sexuellen Bereich:
20. Mein Sexualleben ist zufriedenstellend.
69. Ich fühle mich stark von Personen meines eigenen Geschlechts angezogen.
133. Ich habe mich nie ungewöhnlichen sexuellen Betätigungen hingegeben.
208. Ich flirte gern.
239. Ich bin in der Liebe enttäuscht worden.
320. Ich träume viel von sexuellen Dingen.
441. Ich mag große Frauen.
470. Sexuelle Dinge sind mir widerwärtig.
519. Mit meinem Geschlechtsleben ist etwas nicht in Ordnung.
566. Ich sehe gern Liebesszenen im Kino.

Fragen zu religiösen Vorstellungen:
115. Ich glaube an ein Leben nach dem Tode.
258. Ich glaube, daß es einen Gott gibt.
373. Ich bin überzeugt, daß es nur eine wahre Religion gibt.
413. Ich verdiene strenge Strafen für meine Sünden.
420. Ich habe einige ungewöhnliche religiöse Erlebnisse gehabt.
476. Ich bin ein besonderer Sendbote Gottes.
488. Ich bete mehrmals in der Woche.

Wegen dieser zudringlichen Fragen ist die Anwendung des MMPI für die Personalauswahl auf jeden Fall rechtlich unzulässig. Auch die meisten anderen Fragebogenverfahren sollten wegen des Eingriffs in die Persönlichkeitssphäre nur in Ausnahmefällen eingesetzt werden.

Inwieweit Fragen zur Privatsphäre noch zulässig sind, hängt auch von der Position des Mitarbeiters im Betrieb ab. Bei Führungskräften ist der Rahmen etwas weiter zu stecken, so daß bis zu einem gewissen Umfang auch Fragen zum persönlichen Bereich erlaubt sind.

Unzulässige Persönlichkeitstests

Während viele Fragebogenverfahren wegen der unzulässigen Fragen kritisch zu bewerten sind, kommt bei den projektiven Verfahren hinzu, daß sie in keinster Weise wissenschaftlichen Ansprüchen gerecht werden. Die Interpretation der Antworten erfolgt meistens intuitiv und hängt völlig vom subjektiven Urteil des jeweiligen Psychologen ab. Da keine objektiven Auswertungskriterien vorhanden sind, unterscheiden sich die Deutungen häufig enorm. Für die meisten projektiven Tests gibt es keine Angaben über die Gütekriterien Objektivität, Reliabilität, Validität und Normierung. Außerdem kommt hinzu, daß die meisten projektiven Verfahren kaum einen Bezug zum Arbeits- und Berufsleben haben, sondern zur Erfassung der Gesamtpersönlichkeit im klinischen Bereich dienen.

Nach Meinung wissenschaftlich orientierter Psychologen ist der Wert des bekannten Rorschach-Tests bei der Bewerberauswahl gleich null; er gehört eher in die Kategorie der Handlesekunde, Teeblattanalyse und Astrologie. Ähnliches gilt für fast alle projektiven Verfahren.

Als Schlußfolgerung ergibt sich, daß die projektiven Verfahren für die Personalauswahl völlig ungeeignet sind und abgelehnt werden müssen, weil sie die Privatsphäre verletzen und wissenschaftlich sehr umstritten sind. Ihre Anwendung ist allenfalls im klinisch-psychotherapeutischen oder psychiatrischen Bereich sinnvoll.

Bewerber, die sich einem projektiven Test unterziehen sollen, können daher die Teilnahme mit Hinweis auf die obigen Mängel ablehnen.

Leistungs- und Intelligenztests

Gegen die Anwendung von Leistungs- und Intelligenztests bei Eignungsuntersuchungen bestehen anders als bei Persönlichkeitstests grundsätzlich keine rechtlichen Bedenken.

Bei Leistungstests ist der unmittelbare Bezug zwischen dem Testverfahren und den Anforderungen am Arbeitsplatz leichter zu erkennen. Leistungstests sind daher erlaubt, wenn die getesteten Leistungsmerkmale für einen bestimmten Arbeitsplatz oder Beruf gefordert werden.

Die Anwendung von Intelligenztests bei der Personalauswahl ist dann bedenklich, wenn als Ergebnis nur ein IQ angegeben wird. Erst wenn aufgrund der Ergebnisse von Untertests ein Intelligenzprofil erstellt werden kann, sind Vergleiche mit den durchschnittlichen Anforderungen eines Berufes oder einer bestimmten Position möglich. Problematisch ist allerdings, daß es in den meisten Fällen nicht genau bekannt ist, welche Intelligenzdimensionen in welcher Ausprägung für den jeweiligen Arbeitsplatz erforderlich sind.

Rechtlich unzulässig sind natürlich alle von Laien oder Psychologen entwickelten Tests und Testbatterien, die den wissenschaftlichen Standards nicht genügen und deren Objektivität, Reliabilität und Validität nicht überprüft ist.

Die richtige Testvorbereitung

In einer Testsituation befindet man sich nicht jeden Tag. Besonders wer zum ersten Mal an einem psychologischen Test teilnimmt, ist häufig nervös und ängstlich. Dadurch kann die eigene Leistungsfähigkeit erheblich blockiert werden. Eine gute Vorbereitung auf eine psychologische Eignungsuntersuchung gibt Ihnen Sicherheit und kann Ihre Testleistungen verbessern. Sie erscheint vor allem auch deshalb sinnvoll, weil die Testsituation in vieler Hinsicht ungewohnt ist und Sie im Test teilweise mit Aufgaben konfrontiert werden, die Ihnen in dieser Form sonst nicht begegnen. Diese Aufgaben müssen Sie zudem unter hohem Zeitdruck bearbeiten. Je besser Sie sich auf den Test vorbereiten, desto weniger wird die Testsituation neu für Sie sein, Sie überraschen oder lähmen. Im Testergebnis wird dann Ihre wirkliche Leistungsfähigkeit besser zum Ausdruck kommen. Es lohnt sich also, sich mit den wichtigsten Testverfahren und dem Ablauf der Testsituation vertraut zu machen.

Allgemeine Vorbereitung

Zur allgemeinen Vorbereitung auf Eignungsuntersuchungen gehört:

1. Sich informieren
Zunächst einmal sollten Sie sich gut über Einstellungs- und Eignungstests* informieren. Welche Arten von Tests

gibt es? Welche Merkmale werden überprüft? Welche Typen von Testaufgaben kommen vor? Wie läuft die Testsituation ab? Eine große Hilfe bietet Ihnen dabei dieses Buch, denn hier finden Sie alle Informationen, die Sie über psychologische Eignungstests wissen sollten.

2. Übungsaufgaben bearbeiten

Zum Kennenlernen unterschiedlicher Aufgabentypen sollten Sie die Aufgaben zum Testtraining gut durcharbeiten. Erarbeiten Sie dabei Lösungskonzepte und Lösungsstrategien. Sie kennen ja das Sprichwort: Übung macht den Meister.

3. Erfahrungen sammeln

Das Wissen allein genügt nicht. Sammeln Sie Erfahrungen im praktischen Umgang mit Tests, indem Sie sich bewerben und im Rahmen des Auswahlverfahrens an Eignungstests teilnehmen. Je größer Ihre Vertrautheit im Umgang mit Tests ist, desto besser sind Ihre Chancen, diese Situation zu meistern.

4. Die Anforderungen ermitteln

Wenn Sie zum Einstellungstest eingeladen werden, überlegen Sie sich vorher, welche Anforderungen mit der Stelle oder dem Beruf verbunden sind. Welche Merkmale, Fähigkeiten und Kenntnisse werden wahrscheinlich überprüft werden? Mit welchen Testarten und Aufgabentypen muß ich daher rechnen?

5. Sich emotional vorbereiten

Zur emotionalen Vorbereitung gehört, daß Sie die Testsituation im Kopf durchspielen. Welche Gefühle und Erwartungen verbinden Sie mit dem Test? Dabei sollten Sie den

---

*   Ausführliche Informationen und einen umfassenden Fragenkatalog aus 9 Wissensgebieten finden Sie in dem Buch »Den Einstellungstest bestehen« von P. Schneider, M. Zindel und R. Rötzerich.

Test nicht überbewerten und am besten mit einer gelassenen Einstellung an die Testsituation herangehen. Der Test ist nur ein Entscheidungskriterium neben anderen, und ein Mißerfolg oder eine Absage braucht nicht unbedingt etwas über Ihre Eignung für einen bestimmten Beruf aussagen. Es können auch andere Faktoren eine Rolle spielen, z. B.: Sie waren einfach nicht in Form oder zu nervös. Der Test war schlecht oder ungeeignet. Sie hatten zu viele gute Mitbewerber.

Praktische Hinweise für den Test

Die folgenden Empfehlungen sollten Sie beachten, wenn Sie zu einem psychologischen Eignungstest eingeladen werden:

Vor dem Test

- Für den Test sollten Sie gut ausgeschlafen sein und sich gesundheitlich fit fühlen. Sie sollten auch in Ruhe frühstücken.
- Seien Sie pünktlich. Planen Sie genug Zeit für den Hinweg ein, damit Sie sich nicht abhetzen müssen.
- Denken Sie daran, Schreibgeräte mitzunehmen, obwohl das Schreibmaterial häufig auch zur Verfügung gestellt wird. Da Tests manchmal ziemlich lange dauern, sollten Sie sich auch eine Kleinigkeit zu essen mitnehmen.
- Nehmen Sie keine Beruhigungspillen. Tabletten bedeuten immer ein großes Risiko, und häufig ist der Effekt anders als erwünscht.

Das richtige Verhalten beim Test

Zu Beginn des Tests sollten Sie sich überzeugen, ob die Testdurchführung von einem Diplom-Psychologen geleitet wird. Ist das nicht der Fall, können Sie die Teilnahme am Test berechtigterweise ablehnen.

Lassen Sie sich von dem Testleiter über Art und Umfang

des Tests aufklären und darüber, welche Eignungsmerkmale geprüft werden sollen.

Bei vielen Tests bzw. Aufgabengruppen ist der Schwierigkeitsgrad der Aufgaben ansteigend. Es empfiehlt sich daher immer von vorne anzufangen und die Aufgaben in der vorgegebenen Reihenfolge zu lösen. In den meisten Fällen kann man in der begrenzten Zeit nicht alle Aufgaben schaffen. Seien Sie daher unbesorgt, wenn ein Teil der Aufgaben ungelöst oder unbearbeitet bleibt.

Zur Aufgabenerklärung:

- Hören Sie gut bei der Testinstruktion zu.
- Passen Sie genau auf, wenn die Aufgaben erklärt werden. Sehen Sie sich für jeden Aufgabentyp die Beispiele gut an.
- Machen Sie sich dabei den Aufgabentyp klar und versuchen Sie, das Lösungsprinzip zu erkennen.
- Stellen Sie Fragen, wenn Sie etwas nicht verstanden haben.

Und nun einige wichtige Tips, die Sie bei der Bearbeitung der Aufgaben beachten sollten:

Tips für die Bearbeitung der Testaufgaben

- Fangen Sie sofort an.
- Lassen Sie sich nicht verrückt machen. Lesen Sie alle Aufgaben in Ruhe durch.
- Arbeiten Sie so schnell wie möglich, aber trotzdem mit Sorgfalt.
- Beißen Sie sich nicht an schwierigen Aufgaben fest, sondern gehen Sie lieber zur nächsten Aufgabe weiter.
- Bei Auswahl-Aufgaben: Schließen Sie die Lösungsmöglichkeiten aus, die auf keinen Fall in Frage kommen und versuchen Sie so, die richtige Lösung einzukreisen.
- Raten Sie lieber, anstatt gar nichts anzukreuzen, wenn Sie die richtige Lösung nicht finden können.

- Bleiben Sie ruhig, auch wenn Sie feststellen, daß Sie nicht alle Aufgaben schaffen.
- Sollten Sie noch Zeit haben, befassen Sie sich mit den ausgelassenen Aufgaben oder überprüfen Sie Ihre Antworten.
- Versuchen Sie nicht abzuschreiben. In der Regel werden unterschiedliche Testversionen verwendet, so daß Ihr Nachbar andere Aufgaben hat.

Bei einer Absage nach dem Test

Wenn Sie nach dem Test eine Absage bekommen, so kann das an einer mangelnden Eignung liegen. Es gibt allerdings noch eine Reihe anderer Gründe.

Bei einer hohen Bewerberzahl erhalten die meisten Teilnehmer eine Absage. Dabei werden teilweise auch Bewerber mit guten Testergebnissen abgelehnt. Wenn viele gute Mitbewerber vorhanden sind, kann es sich der Betrieb leisten, nur die Besten auszuwählen. Mit dem gleichen Ergebnis wäre man bei einem anderen Unternehmen vielleicht in die engere Wahl gekommen. Manchmal werden Bewerber auch abgelehnt, weil sie »zu gut« sind, weil man z. B. befürchtet, daß Sie später unterfordert sind.

Bei einer Absage wegen zu schwacher Testleistungen, braucht das ebenfalls nicht an einer mangelnden Eignung liegen. Man kann als Bewerber einfach einen schlechten Tag gehabt haben. Vielleicht war man krank, unausgeschlafen oder mit seinen Gedanken woanders. Einige Bewerber sind einfach zu nervös und aufgeregt, besonders wenn sie zum ersten Mal an einem Test teilnehmen. Die schlechten Leistungen lassen sich dann eher auf die Testangst zurückführen. Schließlich kann es auch daran liegen, daß es sich um einen schlechten oder unseriös durchgeführten Test handelte, so daß es zweifelhaft ist, ob die Untersuchung überhaupt etwas über die berufliche Eignung aussagen kann.

Sollten Sie eine Absage erhalten, versuchen Sie beim Betrieb Auskünfte über die Gründe zu bekommen. Vielleicht kann Ihnen das helfen, beim nächsten Test besser abzuschneiden. Überlegen Sie, was Sie aus den Erfahrungen mit dem vorausgegangenen Test lernen können. Was können Sie verbessern und wie können Sie sich auf den nächsten Test besser vorbereiten?

Lassen Sie sich auf jeden Fall nicht verunsichern und machen Sie Ihr Selbstwertgefühl nicht vom Ergebnis des Tests abhängig. Bereiten Sie sich konsequent auf den nächsten Test vor.

Erfolg durch Testtraining

Auf eine Testsituation kann man sich ebenso wie auf andere Prüfungssituationen vorbereiten. Durch Übung kann man seine Ergebnisse bei Intelligenz- und Leistungstests verbessern. Untersuchungen haben gezeigt, daß man durch das richtige Üben von Testaufgaben bessere Testleistungen erzielen kann. Wie erfolgreich das Training ist, hängt allerdings von der Art und vom Umfang der Vorbereitung, von den Testaufgaben selbst, von der eigenen Ausbildung und Lernfähigkeit ab. Ein Auswendiglernen von Lösungen aus sogenannten Testknackern und anderen Büchern zum Thema Testtraining bringt gar nichts. Erfolg stellt sich nur ein, wenn Sie die Lösungsprinzipien der unterschiedlichen Aufgabentypen verstanden haben.

Im letzten Teil dieses Buches bekommen Sie die Möglichkeit zum Trainieren von Testaufgaben. Das Ziel dieses Trainings besteht darin, Sie mit einigen häufig eingesetzten Aufgabentypen vertraut zu machen. Durch die Bearbeitung der Übungsaufgaben sollen Sie wesentliche Lösungsprinzipien kennenlernen und günstige Bearbeitungstechniken entwickeln und einüben. Sie erhalten so eine gewisse Routine im Lösen von unterschiedlichen Testaufgaben. Besonders bei bisher unbekannten Aufgabentypen werden Sie davon profitieren, wenn Sie aufgrund Ihrer Übungserfahrungen das Lösungsprinzip schnell erkennen und anwenden können.

Testangst und was man dagegen tun kann

Vielleicht gehören Sie auch zu den Leuten, die vor jeder Prüfung ziemlich nervös und aufgeregt sind und Lampenfieber haben, obwohl sie sich gut vorbereitet haben und den Prüfungsstoff gut beherrschen. Ängste haben natürlich eine sehr nützliche Funktion, wenn sie dazu dienen, uns vor Risiken oder Gefahren zu warnen. So ist die Angst angemessen, wenn man für eine Prüfung nicht gelernt hat und die Gefahr besteht, dabei durchzufallen. Andererseits wirkt sich die Angst leistungshemmend aus, wenn sie im Übermaß oder ganz ohne einen Grund auftritt.

Besonders wer zum ersten Mal an einem psychologischen Test teilnimmt, wird oft von ängstlichen Fragen und Erwartungen überfallen: »Wie werden die Testaufgaben aussehen?«, »Was mache ich, wenn ich den Test nicht bestehe?« usw.

Wenn Sie sich mit solchen Gedanken nervös machen, steigert das Ihre Angst nur noch weiter. Machen Sie folgendes:

- Schreiben Sie einmal alle ängstlichen Erwartungen und Vorstellungen auf, die Ihnen im Zusammenhang mit Tests einfallen.
- Sprechen Sie wenn möglich mit anderen darüber, ob diese Ängste begründet sind.

Sie werden feststellen, daß manche Ängste verschwinden, wenn man sie sich bewußt macht und darüber spricht. Eine andere Möglichkeit besteht darin, Ängsten bewußt durch positive Vorstellungen gegenzusteuern. Sobald die negativen Gedanken und Angstgefühle auftreten, unterbrechen Sie Ihren Gedankenfluß durch die positiven Gedanken. Beispiele:

- »Ich habe mich gut vorbereitet und werde es bestimmt schaffen.«
- »Sollte es diesmal nicht klappen, habe ich sicher beim nächsten Mal mehr Glück.«

Gehen Sie in Ihrer Vorstellung besonders kritische Phasen der Testsituation durch und verbinden Sie diese mit kurzen positiven Formeln. Beispiele:

- »Ich werde es bestimmt schaffen.«
- »Der Prüfungsstreß macht mir nichts aus.«
- »Ich bin gut vorbereitet und werde den Test bestehen.«

Solche Formeln haben sich bei Entspannungsübungen wie dem »Autogenen Training« sehr bewährt. Wenn sie immer wieder wiederholt werden, geht von Ihnen eine suggestive Wirkung aus, die ihre Kräfte aktiviert und Ihre Befürchtungen allmählich abbaut.

Schließlich sollten Sie die Folgen eines Erfolgs oder Mißerfolgs möglichst geringhalten. Das können Sie dadurch erreichen, daß Sie:

- gleichzeitig mehrere Bewerbungen abschicken, so daß Sie noch Alternativen haben;
- sich klarmachen, daß eine Absage nicht bedeutet, daß man versagt hat;
- nicht auf einem bestimmten Betrieb fixiert sind.

Personalauswahlverfahren Assessment-Center

In den letzten Jahren wird bei der Auswahl von Führungskräften immer häufiger ein Assessment-Center eingesetzt. Dieses Personalauswahlverfahren hat sich bei Unternehmen bisher sehr bewährt, egal ob es sich dabei um die Auswahl von Hochschulabsolventen für Traineeprogramme handelt, die Eignung von Sachbearbeitern für potentielle Führungsaufgaben überprüft werden soll oder Manager ausgewählt werden sollen.

Was ist ein Assessment-Center?

Assessment-Center bedeutet wörtlich übersetzt: Beurteilungs-Zentrum. Ein einheitliches deutsches Wort hat sich bisher noch nicht durchgesetzt. So wird es beispielsweise als Beurteilungs-, Personalauswahl- oder Personalentwicklungsseminar bezeichnet.

Ein Assessment-Center ist ein systematisches Verfahren zur Personalauswahl. Dabei absolvieren ausgewählte Teilnehmer zwei bis drei Tage lang psychologische Testverfahren, Einzelinterviews, Gruppendiskussionen, Rollenspiele, Fallstudien, Präsentationen und andere Aufgaben in praxisnahen Situationen. Die Verhaltensleistungen der Teilnehmer werden dabei gleichzeitig von mehreren Beobachtern in bezug auf vorher definierte Anforderungen beurteilt.

Ziel des Assessment-Centers ist es, die Eignung von Bewerbern für ganz bestimmte Aufgaben bzw. Anforderungen zu überprüfen und Prognosen darüber abzugeben, wie sich jeder Bewerber bei der Konfrontation mit derartigen Anforderungen bewähren wird. Insbesondere geben die Seminare die Möglichkeit, die Eignung des einzelnen für Führungsaufgaben oder für weitergehende Managementfunktionen zu erkennen.

Die Teilnehmer werden im Hinblick auf die gesetzten Anforderungen einer intensiven Beobachtung unterzogen und systematisch begutachtet. In Beobachtungsprotokollen werden ihre Beiträge, ihre Wirkung und Stellung innerhalb der Gruppe festgehalten. Als Ergebnis der Seminare sind detaillierte Aussagen über die Stärken und Schwächen und das Führungspotential des Teilnehmers möglich.

Der Arbeitskreis Assessment-Center hat folgende Definition aufgestellt: »Ein Assessment-Center ist eine vielschichtige, gleichzeitige Beurteilung mehrerer Teilnehmer durch mehrere Beobachter unter Einsatz verschiedener Beurteilungsmethoden. Die Teilnehmer werden in gemeinsamen Gruppendiskussionen, in Rollenspielen oder in Einzelarbeiten Arbeits- und Entscheidungssituationen aus dem beruflichen Alltag ausgesetzt mit dem Ziel, die Eignung für bestimmte Aufgaben zu erkennen und Entwicklungsbedürfnisse zu vermitteln.«

Die Idee des Assessment-Centers ist allerdings nicht neu. Seine Wurzeln wurden bei der deutschen Reichswehr entwickelt, wo zur Offiziersauswahl Gruppengespräche eingesetzt wurden, um das Durchsetzungsvermögen der Offiziersanwärter zu überprüfen. Das Verfahren gelangte über Großbritannien nach Amerika und kam von dort Mitte der siebziger Jahre über die Töchter amerikanischer Großunternehmen nach Deutschland zurück.

Der Grundgedanke des Assessment-Centers ist, Bewerber oder künftige Führungskräfte mit Situationen, Aufgaben und Problemen zu konfrontieren, denen sie auch im beruflichen Alltag begegnen. Die ausgewählten Kandidaten müssen sich innerhalb der sozialen Gemeinschaft bewähren, wobei beobachtet werden kann, welche Rollen sie in der Gruppe spielen und wie sie ihre Persönlichkeit entfalten.

Der Erfolg des Assessment-Centers beruht darauf, daß hier seit langem praktizierte und bewährte Auswahlverfahren kombiniert werden. Dabei wird die hohe Trefferquote bei der Vorhersage dadurch erzielt, daß annähernd realistische Alltagssituationen von Führungskräften simuliert werden, in denen sich der Bewerber bewähren muß. Auf diese Weise lassen sich seine Verhaltensleistungen und -defizite verhältnismäßig genau ermitteln.

Wesentliche Merkmale und Vorteile des Assessment-Centers

Die wesentlichen Merkmale des Assessment-Centers und die damit verbundenen Vorteile werden hier noch einmal zusammenfassend dargestellt:

Das Assessment-Center wird mit mehreren Teilnehmern gleichzeitig durchgeführt. Das hat den Vorteil, daß die Bedingungen für alle Teilnehmer gleich sind und andererseits das Verhalten in der Gruppe beobachtet werden kann.

Die Bewertung der Teilnehmer erfolgt durch mehrere Beurteiler. Durch das Gruppenurteil werden Fehleinschätzungen eines einzelnen abgeschwächt.

Das Assessment-Center besteht aus einer Reihe unterschiedlicher Beurteilungsverfahren. Durch die Methodenvielfalt kann ein breites Spektrum von Fähigkeiten und Verhaltensweisen erfaßt werden, wodurch die Aussagekraft erhöht wird.

In einem Assessment-Center werden die zu beobachtenden Verhaltensweisen vorher genau festgelegt. Die Eignung wird nicht global erfaßt, sondern im Hinblick auf die konkreten Anforderungen einer ganz bestimmten Position.

Die Übungen und Aufgaben im Assessment-Center sind möglichst praxisbezogen. Es werden Situationen aus dem beruflichen Alltag simuliert, so daß sich die Ergebnisse auf die Realität des zukünftigen Berufsalltags übertragen lassen.

Das Assessment-Center besitzt eine große Transparenz. Der Ablauf des Assessment-Centers und die Beurteilungsprozedur werden ausführlich erläutert, die Bewertungskriterien offengelegt. Das führt einerseits dazu, daß sich jeder Teilnehmer fair behandelt fühlt, andererseits weiß jeder, wie sein Ergebnis zustande kommt.

Wegen der vergleichsweise hohen Transparenz der Auswahlmethoden kommt das Assessment-Center bei den Teilnehmern gut an. Für sie ergeben sich besonders folgende Vorteile:

- Alle Bewerber/Teilnehmer haben die gleichen Startchancen.
- Jeder Teilnehmer kennt seine Konkurrenten und kann sich unmittelbar mit ihnen vergleichen.
- Einseitige Urteile werden durch den Einsatz mehrerer Beurteiler und unterschiedlicher Methoden vermieden.
- Jeder Teilnehmer wird in einem Abschlußbericht über sein Ergebnis informiert. Häufig werden konkrete Fördermaßnahmen empfohlen.

Die Übungen im Assessment-Center

Es gibt zwar eine Reihe von Standardübungen, doch ein genormtes Assessment-Center kann es nicht geben. Ein großer Vorteil des Assessment-Centers liegt für Unternehmen ja gerade darin, daß es auf die firmenspezifischen Bedürfnisse zugeschnitten werden kann. Ein gutes Assessment-Center besteht aus speziell entwickelten Übungen, die für die jeweils konkreten Anforderungen des Unternehmens konstruiert werden.

Ziel der einzelnen Übungen des Assessment-Centers ist es, reale Führungssituationen zu simulieren. Dabei sollen relevante Verhaltensweisen untersucht werden, die bei zukünftigen Aufgabenstellungen wichtig sind.

Obwohl jedes Assessment-Center etwas andere Schwerpunkte hat, lassen sich grundsätzlich folgende Merkmalsbereiche beobachten:

- *Fähigkeiten zu systematischem Denken und Handeln*
  Abstraktes und analytisches Denken, folgerichtiges Planen und Entscheiden, Kombinationsfähigkeit, Arbeitsorganisation.

- *Soziale Kompetenz*
  Urteilsfähigkeit, Kontaktverhalten, Kommunikationsfähigkeit, Kooperation, Beurteilungs- und Einfühlungsvermögen.

- *Aktivität und Motivation*
  Arbeitsmotivation, Initiative, Kreativität, Führungsverhalten, Durchsetzungsvermögen, Zielstrebigkeit.

- *Allgemeines Auftreten und Ausdrucksverhalten*
  Äußeres Erscheinungsbild, sprachlicher Ausdruck, Flexibilität, Überzeugungskraft, Selbstvertrauen.

Allgemein lassen sich die Übungen in Einzel- und Gruppenübungen, in mündliche und schriftliche Übungen einteilen. Weiterhin lassen sich situative und nichtsituative Übungen, Kollegen- und Selbsteinschätzungen unterscheiden.
Im Verlauf des Assessment-Centers registrieren die Beobachter anhand von Beobachtungsbögen die vorher definierten Verhaltensweisen. Sowohl die Teilnehmerzusammensetzung der Kleingruppen als auch die Beobachter wechseln laufend, um das Beurteilungsverfahren möglichst objektiv zu gestalten und systematische Beurteilungsfehler auszugleichen.
Die gebräuchlichsten Übungen sollen im folgenden kurz beschrieben werden:

Einzelinterviews

Das Interview entspricht dem Vorstellungsgespräch. Es dient dazu, einen ersten persönlichen Eindruck vom Teilnehmer zu gewinnen. Im Gespräch werden die Bereiche Ausbildung, beruflicher Werdegang, die persönliche und familiäre Situation, Hobbys abgefragt. Auch die beruflichen Zielvorstellungen und das Karrierebedürfnis können angesprochen werden.

Psychologische Testverfahren

Ein wichtiger Bestandteil eines jeden Assessment-Center sind psychologische Testverfahren. Die Tests müssen den wissenschaftlichen Gütekriterien genügen, um aussagefähig zu sein. An erster Stelle stehen hier Intelligenztests, denn Informationen über das allgemeine Intelligenzniveau und die Struktur der Intelligenz sind sicherlich für jede Führungsposition wichtig. Leistungs- und Fähigkeitstests sollen Eigenschaften wie Konzentration, Aufmerksamkeit, Belastbarkeit und Leistungstempo erfassen.

Der Einsatz von Persönlichkeitstests ist im Assessment-Center umstritten, weil sie teilweise stark in die Privatsphäre des einzelnen eindringen. Besonders bewährt hat sich im Assessment-Center der 16 PF-Test. Er erfaßt eine Reihe von Einstellungen und Eigenschaften, die bei Führungskräften wichtig sind. Zu diesem Test liegen Verhaltensprofile erfolgreicher Manager vor, die als Grundlage für die Beurteilung zukünftiger Führungskräfte verwendet werden können.

Gruppendiskussionen

Verschiedene Arten von Gruppendiskussionen sind die am häufigsten eingesetzten Übungen. Man unterscheidet führerlose Gruppendiskussionen von Diskussionen mit einem Diskussionsleiter, Diskussionen mit und ohne Rollenvorgabe. Bei den Themen kann es sich sowohl um neutrale als auch um Themen aus dem beruflichen Alltag handeln. Manchmal können die Teilnehmer selbst das Diskussionsthema wählen, was die Motivation zusätzlich steigern kann. Die Gruppengröße beträgt meist sechs Personen.

In Gruppendiskussionen zeigt sich, wie jemand mit anderen Menschen umgehen kann. Da jede Führungskraft mit Gruppen zu tun hat, stellen diese Diskussionen eine wichtige Informationsquelle dar. Besonders folgende Eigenschaften können hier beobachtet werden: Kommunikationsfähigkeit, Kooperationsbereitschaft, Durchsetzungsvermögen, Aktivität, Flexibilität, verbale Gewandtheit, Belastbarkeit, Einfühlungsvermögen und Führungsverhalten.

Führerlose Gruppendiskussionen ohne Rollenvorgabe

Die führerlose Gruppendiskussion ohne Rollenvorgabe wird gewählt, wenn man feststellen will, welche Rollen innerhalb der Gruppe die Teilnehmer bevorzugt einnehmen. Bei dieser Übung bilden sich sehr schnell bestimmte Rollendifferenzierungen heraus. Es gibt in jeder Gruppe besonders aktive und besonders zurückhaltende Teilnehmer, einige die ausgleichend wirken, andere die Konflikte herbeiführen. Es läßt sich leicht erkennen, wer wen beeinflußt, wer eine dominierende Persönlichkeit hat oder wer sich zurückhält. Beobachtungsschwerpunkte sind hierbei das allgemeine Diskussionsverhalten, die spontane Übernahme von Führungsrollen, die Qualität und Quantität der Beiträge der Teilnehmer.

Beispiel: Der neue Vorgesetzte
»Stellen Sie sich vor, Sie werden demnächst zum Vorgesetzten in Ihrer Gruppe ernannt. Ihre bisherigen Kollegen sind dann Ihre Mitarbeiter. Das gibt meistens Probleme. Diskutieren Sie, welche Probleme sich ergeben und was man dagegen tun kann, damit die Probleme gar nicht erst auftreten.«
Zeitvorgabe: 30 Minuten.

Beispiel: Karten mit verschiedenen Themen
Auf dem Tisch liegen Karten mit verschiedenen Themen.
»Einigen Sie sich auf das Thema und diskutieren Sie dann
gemeinsam.« Zeitvorgabe: 45 Minuten.

Folgende Themen können auf den Karten stehen:
- Was meinen Sie zum EG-Binnenmarkt?
- Sollte das Rauchen in öffentlichen Gebäuden allgemein
  verboten werden?
- Was würden Sie gegen das Alkoholproblem in Ihrer Fir-
  ma tun?
- Wie motiviert man am besten seine Mitarbeiter?
- Welche Eigenschaften sollte eine gute Führungskraft
  haben?

Gruppendiskussion mit verteilten Rollen

Vor der Diskussion erhält jeder Teilnehmer eine Rolle, in die
er sich hineinversetzen soll. Die Rollen sind normalerweise
so konstruiert, daß die Teilnehmer sehr unterschiedliche
Interessen haben, die aufgrund der Randbedingungen
nicht gleichzeitig verwirklicht werden können. Konfliktsi-
tuationen und Interessenkollisionen sind so vorprogram-
miert. Die Aufgabenstellung lautet häufig: Vertreten Sie Ihre Rolle, und versuchen Sie, Ihren Standpunkt durchzu-
setzen. Bitte einigen Sie sich auf eine gemeinsame Lösung.
In der Diskussion müssen die Teilnehmer Kompromisse
finden und miteinander kooperieren, um am Ende eine optimale Gruppenlösung zu finden. Aus der Art und Weise,
wie hier die Entscheidung zustande kommt, kann man
Rückschlüsse darüber ziehen, wie das Entscheidungsver-
halten in anderen Situationen ablaufen wird. Sehr bekannt
ist die sogenannte Dienstwagenübung.

Beispiel: Der neue Dienstwagen
Hier sollen die Teilnehmer in einer Gruppendiskussion entscheiden, wer von sechs Außendienstmitarbeitern den
neuen Dienstwagen bekommen soll. Für jeden Teilnehmer
gibt es unterschiedliche Rollenvorgaben, die zu Interes-
senkonflikten führen. Am Ende der Diskussion soll eine
möglichst optimale Entscheidung stehen.

Geführte Diskussionen

Bei der geführten Diskussion wird ein Diskussionsleiter
bestimmt. Er behandelt mit der Gruppe ein festgelegtes
Thema und wird daraufhin beobachtet, wie gut er die Diskussion leitet. Im Verlauf der Diskussion übernimmt jeder
Teilnehmer einmal die Führungsrolle.

Postkorbübung

Die sogenannte Postkorbübung ist wahrscheinlich die bekannteste Übung und gehört zum Standardrepertoire eines jeden Assessment-Centers. Sie gehört zu den schriftlichen Einzelübungen. Die Teilnehmer sollen sich in die Rolle einer Führungskraft versetzen und ungefähr 15 – 30 Probleme in Form eines simulierten Posteinganges bearbeiten. Der Zeitdruck und die äußeren Umstände sind vielleicht etwas ungewöhnlich, aber die Probleme selbst könn-
ten durchaus der realen Alltagssituation von Führungskräften entsprechen. Es müssen z. B. Entscheidungen getroffen, Delegationen vorgenommen, Informationen ein-
geholt und Stellungnahmen abgegeben werden. Bei den
meisten Entscheidungsproblemen sind verschiedene Lösungen möglich, so daß man Rückschlüsse auf den persönlichen Arbeitsstil erhält. Dabei steht die Beurteilung der
Organisationsfähigkeit und Verarbeitungskapazität unter
Zeitdruck im Vordergrund.
Die Instruktion für die Postkorbübung könnte beispielsweise so lauten:

Bitte versetzen Sie sich in die Rolle des Herrn Wolfgang Neuberger: Heute ist Dienstag, der 18. Mai. Es ist 16 Uhr. Sie sind eben von einer langen Dienstreise zurückgekommen. Morgen brechen Sie bereits um 8 Uhr nach Kanada auf und kommen erst am Montag, den 24. Mai spätabends zurück. In Ihrem Postkorb finden Sie eine Reihe von Notizen, Briefen und Vorlagen, die in der verbleibenden Zeit unbedingt zu bearbeiten sind. Von Ihrer Familie ist niemand zu Hause. Ihr Telefon ist gestört, die Nachbarn sind zur Zeit nicht erreichbar. Sie haben nur 900,– DM zur Verfügung. Zwischen 17 und 18 Uhr müssen sie dringend einige Besorgungen in der Stadt erledigen. Um 17.30 Uhr haben Sie dort noch eine Verabredung. Bitte erledigen Sie alle Dinge Ihres Postkorbes und notieren Sie, in welcher Reihenfolge Sie Ihre Zeit strukturieren wollen. Für die Bearbeitung stehen Ihnen 50 Minuten zur Verfügung.

Fallanalysen: Kurzfälle und Fallstudien

Unterschiedliche Fallbearbeitungen gehören ebenfalls zu den schriftlichen Einzelübungen. Der Teilnehmer erhält Informationsmaterial zu einem Problem und bekommt die Aufgabe, schriftliche Vorschläge zur Lösung des Problems zu machen. Dazu muß er die Schwerpunkte der Problemstellung erkennen, das Wesentliche im Informationsmaterial berücksichtigen und schließlich die Vorschläge in übersichtlicher und leicht verständlicher Form zu Papier bringen.

Bei Fallstudien müssen die Teilnehmer mehr oder weniger komplexe Problemfälle aus Unternehmen bearbeiten. Dazu werden ihnen detaillierte Hintergrundinformationen zur Verfügung gestellt. In der Vorbereitungszeit, die natürlich von der Komplexität des Falles abhängt, müssen sie das Material analysieren und verschiedene Lösungsvorschläge erarbeiten.

Im Gegensatz zu den umfangreichen Fallstudien wird das Problem bei Kurzfällen in wenigen Sätzen dargestellt, und die Antworten können in kurzer Form gegeben werden.

Vorträge und Präsentationen

Jeder Teilnehmer erhält die Aufgabe, einen Kurzvortrag über ein bestimmtes Thema zu halten oder eine Präsentation zu einem bestimmten Themenbereich durchzuführen.

Beim Vortrag kann man entweder das Thema selbst wählen oder es wird gestellt. Beispiel: Halten Sie einen Vortrag von sechs Minuten über Ihre Lebensziele.

Für die Präsentation bekommt der Teilnehmer entweder eine Fallstudie oder er soll als Gruppenleiter die Arbeitsergebnisse seiner Gruppe vortragen. Bei einer Fallstudie kann er sich zunächst anhand des Informationsmaterials vorbereiten. Im Rahmen der Präsentation des Falls hat der Teilnehmer die Aufgabe, sein Thema zu analysieren, Probleme und ihre Lösungen aufzuzeigen und Alternativen vorzustellen. Neben dem sachlich fundierten Inhalt der Darbietung hat die Art und Weise des Vortrags eine große Bedeutung. Bewertet werden besonders Auftreten und Körperhaltung, Sprache und Satzbau, Vortragstechnik. Da Führungskräfte ständig eigene Ideen durchsetzen und ihre Mitarbeiter überzeugen müssen, gibt diese Übung einen guten Aufschluß über Führungsfähigkeiten.

Rollenspiele

Rollenspiele werden in vielen Variationen in Form von Gesprächssimulationen in Zweiergruppen durchgeführt. Teilweise werden beide Rollen von den Teilnehmern übernommen, noch häufiger übernimmt ein Beobachter eine der Rollen, so daß für alle Teilnehmer gleiche Bedingungen vorliegen.

Interviewsimulationen dienen besonders zur Beobachtung zwischenmenschlicher Fähigkeiten wie Einfühlungsvermögen, Kontaktfähigkeit, Verhandlungsgeschick, Durchsetzungsvermögen, Überzeugungskraft, Belastbarkeit, Führungsstil.

Beispiel: Verkaufsgespräch

Der Teilnehmer hat beispielsweise die Aufgabe, ein Verkaufsgespräch bezüglich des Einsatzes von Computern zu führen. Die Teilnehmer werden im Verlauf des Gesprächs besonders im Hinblick auf ihre Argumentationsfähigkeit, das Eingehen auf den Kunden und die Anpassung an neue Situationen beurteilt.

Beispiel: Mitarbeitergespräch

Der Teilnehmer soll sich in die Rolle eines Vorgesetzten versetzen, der ein Mitarbeitergespräch führt. Dazu erhält er Informationen zum Anlaß des Gesprächs, welche Probleme abzuklären sind und wie sich der Mitarbeiter bisher verhalten hat. Der Teilnehmer muß aufgrund der Informationen eine Gesprächsstrategie ausarbeiten und anschließend mit der geschulten Person das Mitarbeitergespräch führen. Themen dieser Interviewsimulationen können sein: Besprechung nachlassender Leistungen, Entgegennahme von Beschwerden, Alkoholprobleme, familiäre Probleme, Konflikte mit Mitarbeitern. Beobachtet wird die Art der Gesprächsführung, die Klärung des Problems und das erreichte Gesprächsergebnis.

Selbsteinstufung und Kollegeneinschätzung

Bei der Selbsteinstufung sollen sich die Teilnehmer auf einem Polaritätenprofil selbst einstufen. Diese Einstufung zeigt, ob sich ein Teilnehmer realistisch einschätzen kann oder ob er sich eher unter- oder überschätzt, wenn man die Ergebnisse der Selbsteinschätzung mit anderen Ergebnissen vergleicht. Meistens fällt das eigene Urteil tendenziell besser aus als das von Vorgesetzten oder auch Kollegen. In den Selbsteinschätzungen kommt eher das Wunsch- oder Idealbild des einzelnen Teilnehmers zum Ausdruck, wie er sich selbst gerne sieht. Ein Beispiel für ein Polaritätenprofil zeigt die Abbildung.

impulsiv	1 ---- 2 ---- 3 ---- 4 ---- 5 ---- 6 ---- 7	beherrscht
autoritär	1 ---- 2 ---- 3 ---- 4 ---- 5 ---- 6 ---- 7	kooperativ
entschlossen	1 ---- 2 ---- 3 ---- 4 ---- 5 ---- 6 ---- 7	zögernd
aktiv	1 ---- 2 ---- 3 ---- 4 ---- 5 ---- 6 ---- 7	passiv
flexibel	1 ---- 2 ---- 3 ---- 4 ---- 5 ---- 6 ---- 7	starr
offen	1 ---- 2 ---- 3 ---- 4 ---- 5 ---- 6 ---- 7	verschlossen
kontaktfreudig	1 ---- 2 ---- 3 ---- 4 ---- 5 ---- 6 ---- 7	gehemmt

Bei der Kollegeneinschätzung beurteilen sich die Gruppenteilnehmer gegenseitig bezüglich bestimmter Dimensionen. Diese Einschätzungen haben sich als eine ziemlich gute und zuverlässige Informationsquelle erwiesen. Dabei gibt es zwei Möglichkeiten:

Beim Peer-Ranking werden die Teilnehmer aufgefordert, eine Rangreihe der Teilnehmer in bezug auf bestimmte Merkmale und Verhaltensweisen in der Gruppe zu bilden, z. B.:

- Wer trug am meisten zur Effizienz in der Gruppe bei?
- Wer war am kooperativsten?
- Wer war mit seinen Ideen am kreativsten?

Beim Reer-Rating erfolgt eine skalierte Einstufung der Verhaltensleistungen der Teilnehmer bezüglich bestimmter Merkmalsdimensionen. Die Frage kann beispielsweise lauten: In welchem Ausmaß glauben Sie, daß Sie und die anderen Teilnehmer zur Effektivität in der Gruppe beigetragen haben? Stufen Sie bitte die Leistungen und Beiträge der Gruppenmitglieder danach ein, wie Sie sie beurteilen.

Die Ergebnisse für jeden Teilnehmer werden dann zusammengefaßt, so daß extreme Abweichungen in der Einschätzung ausgeglichen werden. Häufig werden die Ergebnisse der Kollegeneinschätzung auch mit den entsprechenden Beobachterurteilen verglichen. Kollegeneinschätzungen werden üblicherweise im Anschluß an Gruppendiskussionen und anderen Gruppenübungen durchgeführt.

Interaktionsanalyse

Dabei schätzen sich die Mitarbeiter einer Gruppe nach verschiedenen Kriterien ein, um die untereinander bestehenden sozialen Beziehungen sichtbar zu machen. Jeder Teilnehmer bestimmt z. B., mit wem er am liebsten zusammenarbeiten würde oder wen er am liebsten zum Chef haben würde. Dadurch sollen besonders beliebte Gruppenmitglieder ermittelt und Außenseiterpositionen deutlich werden. Die graphische Darstellung der sozialen Beziehungen nennt man Soziogramm.

Entscheidungsspiele

Bei den Entscheidungsspielen sind Problemstellungen durch eine Gruppenentscheidung zu lösen. Die Beobachter sind weniger an einer richtigen Auflösung interessiert, sondern daran, wie sich jeder in der Gruppe verhält und wie die Entscheidung bei den Teilnehmern zustande kommt. Zu den Entscheidungsübungen gehört die bereits vorgestellte Dienstwagenübung.

Beispiel: Flugzeugabsturz
Die Teilnehmer sollen sich vorstellen, daß sie mit einem Flugzeug in der Wüste abgestürzt sind. Es gibt nur sechs Überlebende. Der nächste Ort ist 150 km entfernt. Sie sollen sich entscheiden, welche der folgenden Gegenstände überlebensnotwendig sind: Pistole, Wasserkanister, Streichhölzer, Kompaß, Verbandskasten usw. Zunächst muß jeder für sich und dann die Gruppe als Ganzes eine Prioritätenliste festlegen.

Planspiele

Beim Planspiel sollen die Teilnehmer Entscheidungen in einer Modellsituation treffen. Geht es beispielsweise in dem Planspiel um die Probleme zwischen Beschaffung, Fertigung und Absatz, werden drei Gruppen gebildet, die diese Bereiche repräsentieren. Die einzelnen Gruppen erhalten bestimmte Informationen, Vorgaben und Handlungsspielräume. Um ein optimales Gesamtergebnis zu erzielen, ist es notwendig, die Gruppeninteressen und das Gesamtinteresse aufeinander abzustimmen

Kooperationsübungen

Diese Übungen haben überwiegend einen Spielcharakter. Ihr Hauptzweck besteht darin, die Atmosphäre aufzulockern und zur Entspannung der Teilnehmer beizutragen. Daher eignen sie sich besonders als Anfangs- und Abschlußübung eines Assessment-Centers. Untersucht wird das Kooperationsverhalten.

Beispiel: Turmbauübung
Bei dieser Übung bekommt die Gruppe die Aufgabe, in einem bestimmten Zeitraum einen tragfähigen Turm aus Pappe zu bauen.

Das Programm eines zweitägigen Assessment-Centers könnte folgendermaßen aussehen:

Ablaufplan eines zweitägigen Assessment-Centers

Ablauf – 1. Tag
Begrüßung, Informationen
Vorstellübung zum gegenseitigen Kennenlernen
Einzelinterviews
Gruppendiskussion ohne Rollenvorgabe
Mittagessen
Bearbeitung einer Fallstudie
Mündliche Präsentation
Kooperationsübung

Ablauf – 2. Tag
Postkorbübung
Rollenspiel Mitarbeitergespräch
Mittagessen
Psychologische Tests

Gruppendiskussion mit verteilten Rollen
Selbstbeurteilung und Kollegeneinschätzung
Verabschiedung der Teilnehmer

Zuordnung von Merkmalen und Übungen

In den einzelnen Übungen werden nicht alle Merkmale gemeinsam geprüft. Vielmehr wird für jede Übung vorher genau festgelegt, welche Merkmalskriterien beurteilt werden. Auf den vorbereiteten Beobachtungsbögen wird das Verhalten der Teilnehmer festgehalten und der jeweilige Ausprägungsgrad eines Merkmals auf einer 5- bis 7- stufigen Skala eingetragen.
In der Matrix auf der nächsten Seite werden verschiedene Übungen und die in ihnen untersuchten Merkmale gegenübergestellt.

Auswertung und Abschlußgespräch

Nach dem Assessment-Center werden in einer Beobachterkonferenz die Ergebnisse und Beurteilungen der Teilnehmer besprochen und ein Abschlußbericht erstellt. Sehr wichtig für den Teilnehmer eines Assessment-Centers ist das Abschlußgespräch. Dabei erfährt er, wie er abgeschnitten hat und auf welchen Beobachtungen das Ergebnis beruht. Ein wesentlicher Punkt in diesem Gespräch sind Empfehlungen für Förder- und Entwicklungsmaßnahmen. Sie behandeln die festgestellten Schwächen des Teilnehmers und geben ihm Hinweise, woran er in Zukunft arbeiten und wodurch er sein Verhalten verbessern kann.
Allerdings sieht die Praxis bezüglich der Abschlußgespräche nicht gut aus. Es kommt vor, daß die Abschlußgespräche erst zwei Monate nach Abschluß des Assessment-Centers geführt werden oder nur das Ergebnis mitgeteilt wird.

Kriterium \ Übung	Einzelinterview	Postkorb	Gruppendiskussion ohne Rollen	Gruppendiskussion mit Rollen	Intelligenztests	Vortrag/Präsentation	Interviewsimulation	Fallstudie (schriftlich)	Entscheidungsübung	Planspiel	Kooperationsübung
Planung/Organisation		x							x	x	
Kommunikationsfähigkeit	x		x	x		x	x		x		x
Überzeugungskraft	x		x	x		x	x		x		
Kooperation			x	x						x	x
sprachlicher Ausdruck	x		x	x		x	x	x			
Kreativität						x		x			
Durchsetzungsvermögen			x	x			x		x	x	
Aktivität/Motivation	x	x	x		x	x		x		x	
Entscheidungsfähigkeit		x							x	x	
Intelligenz					x	x		x			
Delegationsverhalten		x									
Belastbarkeit	x	x		x	x		x		x	x	
Führungsverhalten			x			x	x			x	
Flexibilität	x		x	x		x	x			x	
Einfühlungsvermögen			x	x		x	x			x	x

Abschließende Einschätzung und Kritik

Das Assessment-Center ist zur Zeit die beste Methode zur Auswahl und Beurteilung von Führungskräften und übertrifft jedes andere Verfahren bezüglich seiner Prognosefähigkeit. Es ist allerdings ein sehr aufwendiges und teures Verfahren. Der Einsatz lohnt sich aber, wenn man bedenkt, daß die Kosten einer Fehlbesetzung bei Führungskräften erheblich höher sind.

Trotz des hohen Lobes und der breiten Akzeptanz gibt es aber auch kritische Einwände. Neben methodischen Mängeln, die sich beispielsweise auf die Auswahl und Konstruktion der Übungen beziehen, soll hier ein Punkt näher angesprochen werden. Das Ergebnis eines Assessment-Centers hängt nicht unwesentlich von der Firmenideologie und den Erwartungen des Unternehmens ab. Das kann bedeuten, daß bei der Auswahl von Führungskräften ein bestimmter Stereotyp bevorzugt wird, der aufgrund seiner Persönlichkeit ins Unternehmen paßt. Dagegen werden Persönlichkeiten mit Ecken und Kanten und Nonkonformisten, die sich von eingefahrenen Gewohnheiten lösen und durch ihre Eigendynamik nicht in die bestehenden Schemata passen, ausgesiebt. Gerade diese Personen spielen aber häufig für Innovationen und kreative Veränderungen im Unternehmen eine wichtige Rolle.

Assessment-Center werden nicht nur zur Personalbeurteilung und -auswahl, sondern in zunehmenden Maße auch als Personalentwicklungsseminar durchgeführt. In diesem Rahmen werden sie zur Ermittlung des Fortbildungsbedarfs und zum Training von Führungskräften eingesetzt.

Wie Sie sich auf ein Assessment-Center vorbereiten können

Auch auf ein Assessment-Center kann man sich vorbereiten. Dazu helfen Ihnen die Informationen, die Sie in diesem Buch über den Ablauf des Assessment-Centers und die verschiedenen Übungen erhalten. Außerdem können Sie erheblich besser abschneiden, wenn Sie einige einfache Regeln beachten:

1. Die Anforderungen ermitteln

Untersuchen Sie die Anforderungen der Position. Notieren Sie sich alle Eigenschaften und Fähigkeiten, wodurch ein erfolgreicher Bewerber am ehesten überzeugen könnte.

2. Die eigenen Voraussetzungen analysieren

Analysieren Sie, welche persönlichen Voraussetzungen Sie mitbringen und welche Stärken und Schwächen Sie haben.

3. Sich Vorsätze machen

Aus dem Vergleich der Anforderungen mit den eigenen Voraussetzungen bilden Sie sich klare Vorsätze, z. B. »Ich will mich bemühen, selbstsicherer aufzutreten.«

4. Sich innerlich vorbereiten

Gehen Sie ausgeschlafen, ruhig, entspannt und gelockert an das Assessment-Center heran. Denn Ihre Leistung hängt in hohem Maße auch von Ihrer körperlichen und seelischen Verfassung ab.

5. Auf die äußere Erscheinung achten

Ein wesentliches Bewertungskriterium ist Ihr äußeres Erscheinungsbild und Ihr Auftreten. Achten Sie also darauf, daß Ihre Kleidung korrekt ist und eine positive Wirkung hervorruft.

6. Sich informieren

Versuchen Sie, etwas über den Veranstalter herauszufinden. Wissen ist Macht, und mehr Informationen geben Ihnen zusätzliche Sicherheit.

7. Nicht entmutigen lassen

Es gibt Assessment-Center-Übungen, die einfach keine optimale Lösung zulassen. Auch wenn Sie glauben, Fehler gemacht zu haben, lassen Sie sich nicht entmutigen.

8. Natürlich verhalten

Versuchen Sie nicht verkrampft, den Beobachtern die ganze Zeit eine bestimmte Rolle vorzuspielen. Das wird Ihnen sowieso kaum gelingen. Seien Sie lieber locker, bekennen Sie sich zu Ihrer Person, und bringen Sie Ihre positiven Seiten mit ein.

9. Selbstvertrauen haben

Glauben Sie an sich selbst. Seien Sie optimistisch und positiv eingestellt. Machen Sie sich klar, daß Sie sich etwas zutrauen können.

10. Die Bewertung nutzen

Egal wie Sie abschneiden, nutzen Sie Ihre Erfahrungen und die Bewertung, um zu erkennen, woran Sie in Zukunft arbeiten sollen und wodurch Sie Ihr Verhalten verbessern können.

Tips zu den Grundsituationen im Assessment-Center

Und nun noch einige Tips zu den Grundsituationen im Assessment-Center. Egal ob es sich um ein Assessment-Center für künftige Manager oder für die Auswahl von Außendienstmitarbeitern handelt, die Übungen lassen sich immer auf wenige Grundtypen zurückführen: Die Teilnehmer müssen allein, zu zweit, vor der ganzen Gruppe oder innerhalb einer Gruppe zeigen, über welche Fähigkeiten und Talente Sie verfügen.

1. Jeder für sich

Eine Reihe von Übungen sind Einzeltests, wodurch Intelligenz, Organisationsfähigkeit, Konzentrationsfähigkeit und ähnliches überprüft werden. Besonders beliebt sind die unterschiedlichen Varianten des Postkorbspiels, bei dem Sie unter hohem Zeitdruck Organisationsentscheidungen treffen müssen.

Tip: Tragen Sie bei der Postkorbübung schon beim ersten Durchlesen in einen Terminplan ein, was Sie wann am sinnvollsten erledigen.

2. Zu zweit

Bei Zweierübungen haben entweder beide die gleiche Aufgabe (z. B. »Finden Sie alles über die Lebensgeschichte des anderen heraus!«), oder Sie spielen mit verteilten Rollen (z. B. Führen eines Verkaufsgesprächs, Entgegennahme von Kundenbeschwerden, als Vorgesetzter ein Mitarbeitergespräch führen). Hier geht es vor allem um Ihre Kommunikationsfähigkeit.

Tip: Gehen Sie auf die Fragen und Argumente Ihres Gesprächspartners ein, und versuchen Sie, gemeinsame Lösungen zu erarbeiten.

3. Einer vor der Gruppe

Bei den Situationen, in denen sich ein einzelner vor der Gruppe präsentieren muß, werden Auftreten, Erscheinung, sprachlicher Ausdruck und Überzeugungsfähigkeit beurteilt. Häufig soll man einen Vortrag halten oder andere von einer vorgegebenen Idee überzeugen.

Tip: Üben Sie freie Vorträge und Präsentationen zu Hause. Notieren Sie sich in den Vorbereitungsminuten Stichworte. Das hilft Ihnen beim freien Sprechen.

4. Innerhalb der Gruppe

Bei diesen Übungen zeigt sich, wer den Gruppenprozeß strukturieren und gemeinsame Lösungen erarbeiten kann. Das geschieht bei führerlosen Gruppendiskussionen, Spielen mit verteilten Rollen (Wer von mehreren Außendienstmitarbeitern bekommt den neuen Dienstwagen?), Kooperationsspielen (Turmbauübung).

Tip: Fassen Sie den Stand der Diskussion zwischendurch zusammen, und machen Sie einen weiterführenden Vorschlag.

Testheft zum Nachspielen einer Testsituation

Testsimulation: Eine Testsituation nachspielen

In diesem Testheft bekommen Sie die Möglichkeit zum Trainieren von Testaufgaben. Das Ziel dieses Trainings besteht darin, Sie mit unterschiedlichen Aufgabentypen bekannt zu machen. Durch die Bearbeitung dieser Übungsaufgaben sollen Sie die Lösungsprinzipien kennenlernen und eigene Lösungsstrategien entwickeln. Weiterhin sollen Sie dabei üben, auch unter Zeitdruck konzentriert und fehlerfrei zu arbeiten.

Das Testheft können Sie dazu verwenden, eine Testsituation nachzustellen und kennenzulernen. Die Aufgaben, die Sie dabei bearbeiten sollen, entsprechen den Aufgabentypen aus Intelligenz- und Leistungstests. Es handelt sich um häufig eingesetzte Aufgabentypen, mit denen ein breites Fähigkeitsspektrum überprüft werden kann. In wirklichen Testsituationen sind die Aufgaben meistens weniger abwechslungsreich.

Der Ablauf bei diesem Test geht so: Zu Beginn steht die Instruktion für die Testteilnehmer. Danach wird jede Aufgabengruppe zunächst erklärt und durch Beispiele erläutert, anschließend folgen die Testaufgaben.

Die Lösungen zu den Testaufgaben sind im Anhang zusammengestellt. Bearbeiten Sie die Aufgaben aber bitte zuerst, ohne die Lösungen anzusehen. Für den Untertest Konzentration wird die Auswertung erläutert.

Die Testanweisung

Dieser Test besteht aus insgesamt 10 Untertests. Jeder Untertest beginnt mit leichteren Aufgaben und endet mit schwereren. Es empfiehlt sich daher, bei der Bearbeitung die vorgegebene Reihenfolge einzuhalten. Können Sie eine Aufgabe nicht lösen, lassen Sie die Lösung offen und gehen zur nächsten Aufgabe über.

Für jede Aufgabengruppe haben Sie nur eine bestimmte Bearbeitungszeit zur Verfügung. Sollten Sie vor der Zeit fertig sein, überprüfen Sie die Lösungen dieser Gruppe noch einmal.

Im allgemeinen können Sie in der vorgegebenen Zeit nicht alle Aufgaben lösen. Seien Sie deshalb unbesorgt, wenn ein Teil der Aufgaben unbearbeitet oder ungelöst bleibt.

Alle Aufgabentypen werden Ihnen zunächst erklärt und an Beispielen erläutert. Anschließend folgen dann die Testaufgaben.

▷ *Bite beachten Sie:*
  Halten Sie sich korrekt an die Bearbeitungszeiten!
  Wenn Sie eine Aufgabe nicht lösen können, halten Sie sich nicht zu lange dabei auf und gehen lieber zur nächsten weiter!
  Wenn Sie vor Ende der Bearbeitungszeit fertig sind, kontrollieren Sie Ihre Lösungen noch einmal.
  Blättern Sie nicht zu früheren Aufgabengruppen zurück oder beginnen mit den folgenden!
  Bitte nur einen Bleistift benutzen. Schreiben Sie nichts ins Aufgabenheft. Tragen Sie alle Lösungen bitte nur auf dem Antwortbogen ein!
  Wenn Sie etwas nicht verstanden haben, fragen Sie ohne Scheu!

Test: Analogien bilden

Erklärung:
Drei Worte sind vorgegeben. Zwischen dem ersten und zweiten besteht eine gewisse Beziehung. Aus den fünf Wahlwörtern sollen Sie das Wort finden, das zum dritten in einer ähnlichen Beziehung steht wie das zweite zum ersten.

Beispiele:
1. hart : weich = lang : ?
   a) schmal   b) eng   c) breit   d) dick   e) kurz
   Die richtige Lösung ist e). Hier wird das Gegenteil gesucht. Kurz verhält sich zu lang wie weich zu hart.

2. Meer : Schiff = Himmel : ?
   a) Wolke   b) Flugzeug   c) Vogel   d) Sterne   e) Regen
   Die richtige Lösung ist b). Denn das Schiff ist ein Beförderungsmittel im Meer, das Flugzeug eines am Himmel.

Die Bearbeitungszeit für die folgenden Aufgaben beträgt 7 Minuten.

1. Obst : Apfel = Getreide : ?
   a) Gemüse   b) Birne   c) Nahrung   d) Hafer   e) Halm

2. Luft : Vogel = Wasser : ?
   a) Schiff   b) Welle   c) See   d) Boot   e) Fisch

3. Traube : Wein = Mehl : ?
   a) Getreide   b) Ofen   c) Teig   d) Bäcker   e) Brot

4. oft : manchmal = viel : ?
   a) nichts   b) wenig   c) mehr   d) keiner   e) niemand

5. Spaten : graben = Messer : ?
   a) scharf   b) schneiden   c) spitz   d) stechen   e) Gabel

6. Füller : Tinte = Auto : ?
a) Verkehr   b) Motor   c) Straße   d) Benzin   e) Räder

7. Junge : Mann = Mädchen : ?
a) Mutter   b) Dame   c) Frau   d) Vater   e) Tochter

8. finden : verlieren = erinnern : ?
a) behalten b) verschweigen c) nachdenken d) vergessen   e) träumen

9. Kohle : Halde = Getreide : ?
a) Mehl   b) Brot   c) Bäcker   d) Mühle   e) Silo

10. riesig : groß = Berg : ?
a) Gipfel   b) Tal   c) Abhang   d) Hügel   e) Ebene

11. messen : schätzen = wissen : ?
a) hoffen b) vermuten c) raten d) prüfen e) behaupten

12. Gebirge : Paß = Fluß : ?
a) Furt   b) Brücke   c) Steg   d) Fähre   e) Boot

13. Kreis : Quadrat = Kugel : ?
a) Würfel b) Rechteck c) Zylinder d) Quader e) Säule

14. Leistung : Erfolg = Verbrechen : ?
a) Strafe b) Urteil c) Richter d) Verbrecher e) Gesetz

15. erwerben : besitzen = üben : ?
a) wissen b) wiederholen c) beherrschen d) trainieren
e) verstehen

16. Körper : Stoffwechsel = Motor : ?
a) Kraft b) Zylinder c) Verbrennung d) Benzin e) Bewegung

17. Wind : Sturm = klagen : ?
a) bedauern b) leiden c) trauern d) jammern e) weinen

18. Verlust : Niederlage = Gewinn : ?

    a) Leistung b) Lob c) Preis d) Sieg e) Wettkampf

19. Melodie : Ton = Gemälde : ?

    a) Farbe b) Maler c) Pinsel d) Kunstwerk e) Farbkasten

20. Buchstabe : Ziffer = Wort : ?

    a) Wert b) Rechnung c) Summe d) Satz e) Zahl

Test: Wortauswahl

Erklärung:

Von fünf vorgegebenen Worten sind vier einander ähnlich. Sie sollen das fünfte Wort finden, das sich von den anderen deutlich unterscheidet.

Beispiel:

1. a) laufen b) tanzen c) springen d) stehen e) rennen
Die Lösung ist d. Bei a, b, c und e befindet man sich in Bewegung, bei d in Ruhe.

2. a) Roggen b) Weizen c) Wolle d) Gerste e) Hafer
Die Lösung ist c; a, b, d und e sind Getreidesorten, c ist eine andere Pflanzenart.

Die Bearbeitungszeit für die folgenden Aufgaben beträgt 7 Minuten.

1. a) Schrank b) Tisch c) Sessel d) Stuhl e) Kühlschrank

2. a) Auto b) Fahrrad c) Motor d) Flugzeug e) LKW

3. a) Baumwolle b) Leinen c) Hanf d) Nylon e) Seide

4. a) Klarinette b) Trompete c) Saxophon d) Gitarre e) Flöte

5. a) Freude b) Ärger c) Trauer d) Angst e) Gefahr

6. a) Fernglas b) Glas c) Brille d) Lupe e) Mikroskop

7. a) wegwerfen b) abgeben c) holen d) schleudern
e) schütten

8. a) Anzeige b) Geschwindigkeitsmesser c) Hinweis-
schild d) Kompaß e) Kurs

9. a) zukünftig b) bald c) nun d) demnächst e) morgen

10. a) Patient b) Klient c) Kunde d) Mandant e) Besucher

11. a) gehobelt b) poliert c) geschliffen d) gestanzt e) ge-
walzt

12. a) Gespräch b) Diskussion c) Vortrag d) Aussprache
e) Konferenz

13. a) verschieben b) verändern c) verbiegen d) überdeh-
nen e) verformen

14. a) typisch b) kennzeichnend c) besonders d) wichtig
e) charakteristisch

15. a) Türschloß b) Korkenzieher c) Schraubenzieher
d) Reißverschluß e) Gashahn

16. a) Leiter b) Fallschirm c) Treppe d) Aufzug e) Flugzeug

17. a) Konstruktion b) Renovierung c) Korrektur d) Repa-
ratur e) Kontrolle

18. a) bewerten b) einstufen c) beurteilen d) einschätzen
e) abwerten

19. a) Kupfer b) Zink c) Platin d) Aluminium e) Nickel

20. a) Aufmerksamkeit b) Interesse c) Wißbegierde
d) Klugheit e) Neugierde

Test: Gemeinsamkeiten finden

Erklärung:
Bei dieser Aufgabe sollen Sie von den sechs Wörtern zwei herausfinden, für die es einen gemeinsamen Oberbegriff gibt.

Beispiele:
1. a) Messer b) Schere c) Teller d) Essen e) Gabel f) Dosenöffner
   Die richtige Lösung ist a und e. Messer und Gabel haben den gemeinsamen Oberbegriff »Besteck«.

2. a) Eisen b) Gold c) Schmuck d) Silber e) Uhr f) Radio
   Die richtige Lösung ist b und d. Gold und Silber haben den gemeinsamen Oberbegriff »Edelmetalle«.
   Sie sollen also immer die wesentlichsten Gemeinsamkeiten finden.

Die Bearbeitungszeit für die folgenden Aufgaben beträgt 8 Minuten.

1. a) Baum b) Strauch c) Wald d) Eiche e) Laub f) Tanne

2. a) Gefahr b) Hunger c) Angst d) Krankheit e) Durst f) Elend

3. a) fühlen b) trinken c) probieren d) genießen e) schmekken f) essen

4. a) Symphatie b) Phantasie c) Mitleid d) Anziehung e) Antipathie f) Liebe

5. a) Zeitung b) Telefon c) Radio d) Telegramm e) Fernseher f) Video

6. a) Strom b) Schalter c) Kabel d) Motor e) Hahn f) Sicherung

7. a) gescheit b) neugierig c) klug d) interessiert e) vorlaut f) aufmerksam

8. a) Punkt b) Zeichen c) Komma d) Satz e) Buchstabe f) Wort

9. a) warm b) weich c) fest d) biegsam e) elektrisch f) gasförmig

10. a) Tee b) Glas c) Cafe d) Milch e) Kuh f) Rechnung

11. a) Handball b) Segeln c) Reiten d) Rudern e) Ringen f) Turnen

12. a) Aktie b) Scheck c) Zahlkarte d) Sparbuch e) Quittung f) Anleihe

13. a) Entfernung b) Kilometer c) Temperatur d) Kilogramm e) Zollstock f) Tacho

14. a) Wurst b) Eier c) Joghurt d) Brot e) Milch f) Kartoffeln

15. a) Fuß b) Gesicht c) Ohr d) Nase e) Haare f) Herz

16. a) schleifen b) bohren c) hobeln d) schrauben e) sägen f) schweißen

17. a) Fotoapparat b) Brille c) Linse d) Glas e) Fernglas f) Foto

18. a) Chemie b) Geschichte c) Philosophie d) Physik e) Kunst f) Politik

19. a) Straßenbahn b) Eilzug c) Lokomotive d) Reise e) Gleis f) Bahnhof

20. a) Goldbarren b) Halskette c) Haarshampoo d) Lippenstift e) Fingerring f) Diamant

Test: Buchstaben sortieren

Erklärung:
Bei dieser Aufgabe sind die Buchstaben durcheinandergewürfelt. Wenn die fünf Buchstaben in der richtigen Reihenfolge geordnet werden, ergeben sie ein sinnvolles Wort. Sie sollen den Anfangsbuchstaben durchstreichen, mit dem sich aus der Buchstabenfolge ein sinnvolles Wort bilden läßt. Es handelt sich dabei um Hauptworte in der Einzahl.

Beispiele:
1. AU~~P~~ES
   Hier ist das P durchgestrichen, weil es der Anfangsbuchstabe von PAUSE ist.

2. AD~~N~~EL
   Hier ist das N durchgestrichen, weil es der Anfangsbuchstabe von NADEL ist.

Die Bearbeitungszeit für diese Aufgabe beträgt 5 Minuten.

1. TIESE	**9.** LATAS	**17.** DFPER	**25.** GEREN	**33.** LTICH
2. ATTBL	**10.** RPSOT	**18.** AHSTL	**26.** LELEW	**34.** STFRO
3. DOIRA	**11.** KUMSI	**19.** PUPSE	**27.** GEWAN	**35.** AZTKE
4. PALEF	**12.** OBEND	**20.** IFLEH	**28.** ANCHT	**36.** AUMER
5. TITFS	**13.** CHLIM	**21.** UCHSH	**29.** PUTLE	**37.** ONKOT
6. TMOAN	**14.** NIBRE	**22.** SNIET	**30.** LAKAN	**38.** CKEDE
7. MTURS	**15.** EIWSE	**23.** IELSP	**31.** ESREI	**39.** ORSTM
8. LGBEA	**16.** STANG	**24.** TARTS	**32.** IEERN	**40.** TULHS

41. FIERB	43. RUZST	45. STAUF	47. TEFIE	49. OLKCB
42. REISP	44. NESON	46. NABED	48. GALEN	50. BNELE

Test: Praktische Rechenaufgaben

Erklärung:
Die folgenden Aufgaben sind Rechenaufgaben, die als Text formuliert sind. Das Ergebnis ist immer eine ganze Zahl.

Beispiele:
1. Ein Auto verbraucht 8 l Benzin auf 100 km. Wieviel Liter braucht es für 350 km?
   Lösung: 28 l

2. Wieviel Pfennige kosten 1 kg Äpfel, wenn $2^{1}/_{4}$ Kilo 1,80 DM kosten?
   Lösung: 80 Pfennige

Die Bearbeitungszeit für die folgenden Aufgaben beträgt 12 Minuten.

1. Ein Auto fährt in 3 Minuten 6 km. Wieviel km fährt es in 40 Minuten?

2. 84 Gläser sind auf 7 Kartons zu verteilen. Wieviel Gläser kommen in jeden Karton?

3. Ein Lebensmittelvorrat reicht für 12 Personen 8 Tage aus. Wieviel Tage reicht der Vorrat für 4 Personen?

4. $1^{1}/_{2}$ m Teppichboden kosten 18 DM. Wieviel kosten $4^{1}/_{2}$ m?

5. Zum Bau einer Mauer brauchen 8 Maurer 12 Tage. Nun sind zwei Maurer krank. In wieviel Tagen ist die Mauer fertig?

6. Ein Angestellter verdient 2400 DM. 15% muß er als Steuer an den Staat abführen. Wieviel Geld verbleibt ihm noch?

7. Wolfgang hat 164 DM, Norbert 96 DM. Wieviel DM muß Wolfgang abgeben, damit beide gleichviel haben?

8. Eine Aktie ist im Kurswert von 250 DM auf 350 DM gestiegen. Wieviel Prozent beträgt die Kurssteigerung?

9. 5 Flaschen Wein kosten 24 DM. Jetzt bekommt man 6 Flaschen für diesen Preis. Um wieviel Pfennige sind die Flaschen jetzt billiger geworden?

10. Wieviel $^3/_4$-Liter-Flaschen braucht man, um 15 Liter Saft abzufüllen?

11. Ein Gewinn von 840 DM soll im Verhältnis 3 zu 4 auf 2 Personen aufgeteilt werden. Wie groß ist der kleinere Betrag?

12. Ein Würfel mit einer Kantenlänge von 4 cm wiegt 128 Gramm. Wieviel Gramm wiegt ein Würfel von 3 cm Kantenlänge bei gleichem Material?

13. Ein Rechteck mit den Seitenlängen 6 cm und 9 cm soll um $^1/_3$ vergrößert werden. Wie groß ist die neue Fläche in cm^2?

14. Wieviel muß man zu 16 hinzuzählen, damit die Summe im gleichen Verhältnis zu 56 steht, wie 30 zu 42?

15. In einer Goldmine gewinnt man aus einer Tonne Erz 9 Gramm Gold. Wieviel Tonnen Erz muß man abbauen, um 4,5 kg Gold zu gewinnen?

16. Von einem Kredit sind $^2/_5$ bereits zurückgezahlt. Wenn jetzt 250 DM zurückgezahlt werden, beträgt die Restschuld noch 230 DM. Wie hoch war die Gesamtschuld?

17. Ein Zug fährt mit einer Stundengeschwindigkeit von 120 km nach Z. In 6 Std. soll er am Ziel sein. Nach 4 Std. 20 Min. trifft der Zug in S. ein. Wie weit ist er noch von Z. entfernt?

18. $^1/_4$ Rechenaufgaben sind schwer, $^1/_3$ sind leicht. 10 Aufgaben haben eine mittlere Schwierigkeit. Wieviel Rechenaufgaben sind es insgesamt?

19. Ein Seil von 60 m Länge soll so zerschnitten werden, daß das eine Stück $^2/_3$ der Länge des anderen beträgt. Wie lang ist das kürzere Stück?

20. In einem Betrieb kommen 60 % der Männer und 50 % der Frauen mit dem Auto zur Arbeit. Wieviel Prozent kommen insgesamt mit dem Auto, wenn dort 60 % Männer arbeiten.

Test: Zahlenreihen fortsetzen

Erklärung:
Es werden Ihnen Zahlenreihen vorgegeben, die nach einer bestimmten Regel aufgebaut sind. Jede Reihe läßt sich nach dieser Regel fortsetzen. Sie sollen die jeweils nächste Zahl finden und ergänzen.

Beispiel:
Reihe 1: 2   5   8   11   14   17   20 ?
Regel: +3   +3   +3   +3   +3   +3
In dieser Zahlenreihe ist jede folgende Zahl um 3 größer als die vorhergehende. Die nächste Zahl wäre also 23.

Reihe 2: 7   5   8   6   9   7   10 ?
Regel: −2   +3   −2   +3   −2   +3
In dieser Zahlenreihe werden abwechselnd 2 abgezogen und 3 hinzugezählt. Die nächste Zahl wäre also 8.
Bei einigen Aufgaben müssen Sie auch multiplizieren und dividieren.

Die Bearbeitungszeit für die folgenden Aufgaben beträgt 12 Minuten.

1.	2	4	8	10	20	22	44	?
2.	3	6	4	8	6	12	10	?
3.	2	5	9	14	20	27	35	?
4.	2	1	3	2	5	4	8	?
5.	11	8	24	21	63	60	180	?
6.	5	4	6	3	7	2	8	?
7.	6	4	8	5	15	11	44	?

8.	14	12	36	12	10	30	10	?
9.	11	12	14	11	15	20	14	?
10.	9	6	18	21	7	4	12	?
11.	11	5	15	8	24	16	48	?
12.	14	16	24	28	30	38	42	?
13.	8	6	8	6	9	7	11	?
14.	18	6	36	27	9	54	45	?
15.	15	14	17	12	19	10	21	?
16.	34	17	12	48	24	19	76	?
17.	12	14	17	13	18	24	17	?
18.	3	4	5	7	10	15	23	?
19.	26	13	18	6	12	3	10	?
20.	16	9	27	19	57	48	144	?

Test: Schätzen

Die folgenden Rechenaufgaben sollen nicht ausgerechnet werden. Sie können das richtige Ergebnis durch Schätzen oder einfache rechnerische Überlegungen finden. Es gibt immer rechnerische Anhaltspunkte, die es ermöglichen, die richtige Lösung ohne Ausrechnen zu finden.
Es ist immer nur eine der vorgegebenen Lösungen richtig.

Beispiele:
1. 3471 + 2345 + 1232 = ?
   a) 6741   b) 7048   c) 6544   d) 7495   e) 7100
   Die richtige Lösung ist b.
   Hier können Sie das richtige Ergebnis durch Zusammenzählen der Einerstellen finden.

2. 3125 x 5 = ?
   a) 13 325   b) 16 347   c) 14 378   d) 15 578   e) 15 625
   Die richtige Lösung ist e.
   Das richtige Ergebnis kann man durch Abschätzen der Größenordnung und der Überlegung finden, daß die Einerstelle wieder eine 5 sein muß, wenn man sie mit 5 multipliziert.

Bitte beachten Sie: Von den vorgegebenen Aufgaben ist immer nur eine richtig. Sie sollen die richtige Lösung nicht ausrechnen, sondern durch einfache rechnerische Überlegungen und Schätzen finden. Manchmal reicht dabei schon ein bloßes Abschätzen der Größenordnung des Ergebnisses aus.

Die Bearbeitungszeit für die folgenden Aufgaben beträgt 9 Minuten.

1. 7263 + 4365 + 1712 = ?
   a) 11 473   b) 8 345   c) 13 257   d) 13 340   e) 14 568

2. 4325 + 6125 + 2425 + 3625 = ?

   a) 16 275   b) 17 320   c) 16 480   d) 13 725   e) 16 500

3. 37 371 $^1/_{13}$ + 16 $^5/_{13}$ + 55 761 $^7/_{13}$ = ?

   a) 93 149   b) 93 367 $^3/_{13}$ c) 91 337   d) 92 792 $^7/_{13}$ e) 94 308 $^1/_{13}$

4. 6 372 191 − 573 806 = ?

   a) 637 482   b) 5 798 385   c) 5 877 283   d) 5 367 293   e) 6 145 634

5. 17 003 x 6 109 = ?

   a) 127 623 657   b) 86 726 532   c) 103 871 327

   d) 23 781 157   e) 117 813 456

6. 39 x 39 = ?

   a) 1931   b) 1721   c) 1538   d) 1497   e) 1521

7. 515 + 745 + 875 + 665 = ?

   a) 2760   b) 3120   c) 3050   d) 2800   e) 2890

8. 211 x 711 + 23 702 = ?

   a) 193 911   b) 173 723   c) 164 201   d) 247 807   e) 219 302

9. 3,9 x 4,9 = ?

   a) 19,11   b) 18,79   c) 20,81   d) 21,81   e) 19,63

10. 648 734 678 : 2 = ?

   a) 324 656 746   b) 324 634 389   c) 372 385 678

   d) 324 367 339   e) 387 286 454

11. 0,8456 − 19 = ?

   a) 19,8456   b) 18,1544   c) 20,8456   d) 19,1544   e) 19,3056

12. 197^2 = ?

   a) 41 237   b) 38 809   c) 39 763   d) 40 146   e) 43 156

13. 77 x $^1/_7$ = ?

   a) 11   b) 539   c) 10 $^1/_7$ d) 411   e) 77

14. 2340 $^4/_{16}$ + 3032 $^7/_{16}$ + 237 $^5/_{16}$ = ?

   a) 4678   b) 4834 $^3/_4$ c) 5610   d) 7123   e) 5723 $^3/_{16}$

15. 769 340 $^2/_{19}$ x 19 = ?

    a) 134 538   b) 11 894 547   c) 1 276 334 $^2/_{19}$

    d) 14 617 462   e) 16 245 834 $^9/_{19}$

16. 58 374,184 : 10,12 = ?

    a) 5896,234   b) 5768,2   c) 6143   d) 5934,3   e) 6345,234

17. 12 $^1/_2$ % von 5688 = ?

    a) 1346   b) 711   c) 903   d) 921   e) 1246

18. 3 457 628 : $^1/_2$ = ?

    a) 1 723 414   b) 6 956 728   c) 1 728 314   d) 695 364   e) 6 915 256

19. Wurzel aus 15,8404 = ?

    a) 3,98   b) 4,4402   c) 3,126   d) 4,198   e) 4,202

20. Wurzel aus 15 625 x 2 = ?

    a) 125   b) 250   c) 385   d) 234   e) 790

Test: Würfelauswahl

Erklärung:
Vorgegeben sind die fünf Würfel a, b, c, d, e. Jeder dieser Würfel hat sechs Seiten mit verschiedenen Zeichen, von denen man aber nur drei sehen kann. Bei den Aufgaben sollen Sie herausfinden, um welchen der vorgegebenen Würfel es sich handelt. Der Würfel kann gedreht, gekippt oder gedreht und gekippt werden, wobei auch eine neue Seite sichtbar werden kann.
Bei den Würfeln a – e handelt es sich um verschiedene Würfel. Es ist immer nur eine Lösung richtig.

Beispiele:

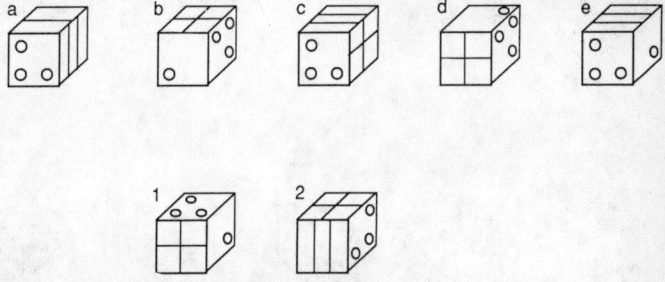

Das erste Beispiel zeigt Würfel b in veränderter Lage. Der Würfel wurde einmal nach vorne gekippt und einmal nach links gekippt. Das zweite Beispiel zeigt Würfel c. Der Würfel wurde eine Vierteldrehung nach rechts gedreht und einmal nach vorne gekippt.
Die Bearbeitungszeit für die folgenden Aufgaben beträgt 9 Minuten.

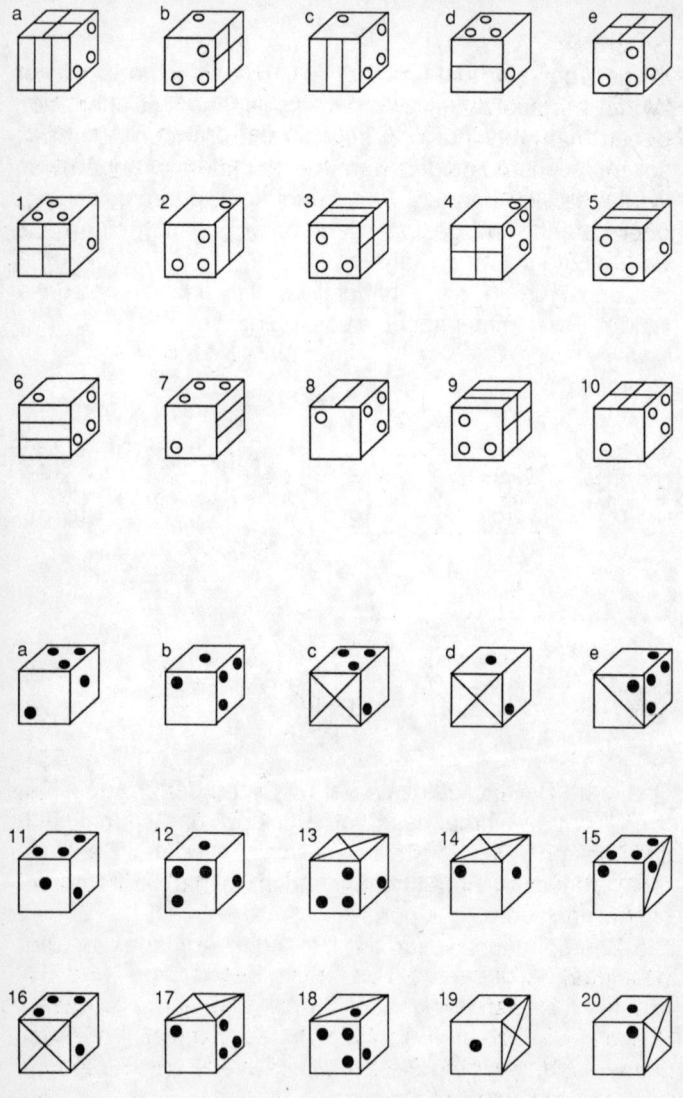

Test: Muster ergänzen

Erklärung:
Es werden ihnen drei Reihen mit geometrischen Figuren oder Mustern vorgegeben, die sich nach bestimmten Regeln verändern. Die letzte Figur in der dritten Reihe fehlt. Aus den Auswahlmustern sollen Sie das fehlende Muster richtig ergänzen.

Beispiel 1:

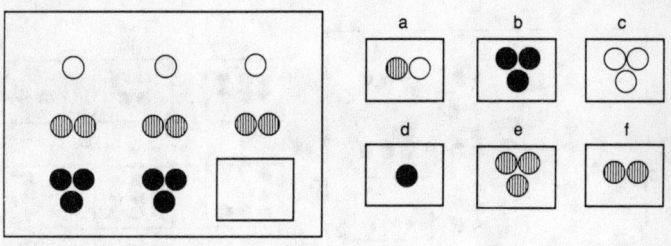

Beispiel 2:

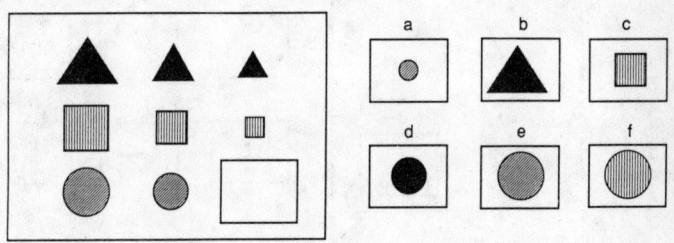

Beim ersten Beispiel ist Muster b richtig, beim zweiten Muster a.

Bei diesen Aufgaben geht es darum, Beziehungen und Zusammenhänge zu erkennen, um daraus Regeln abzuleiten. Schauen Sie sich also die Abfolge der einzelnen Bilder genau an, und beachten Sie die Unterschiede und Beziehungen zwischen den Darstellungen.

Die Bearbeitungszeit für die folgenden Aufgaben beträgt 7 Minuten.

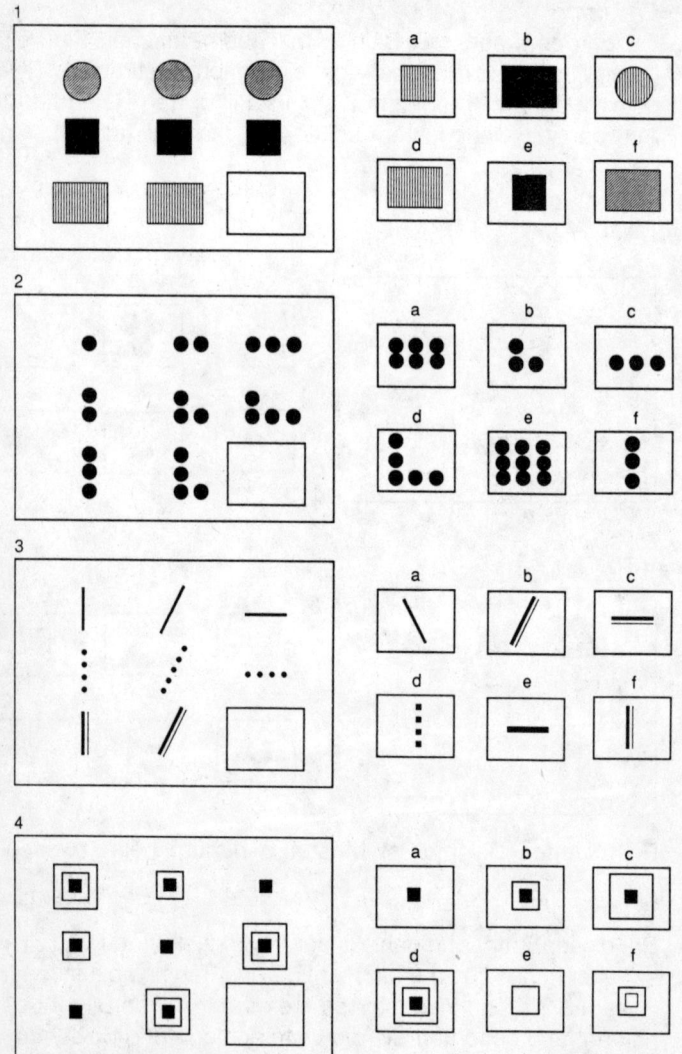

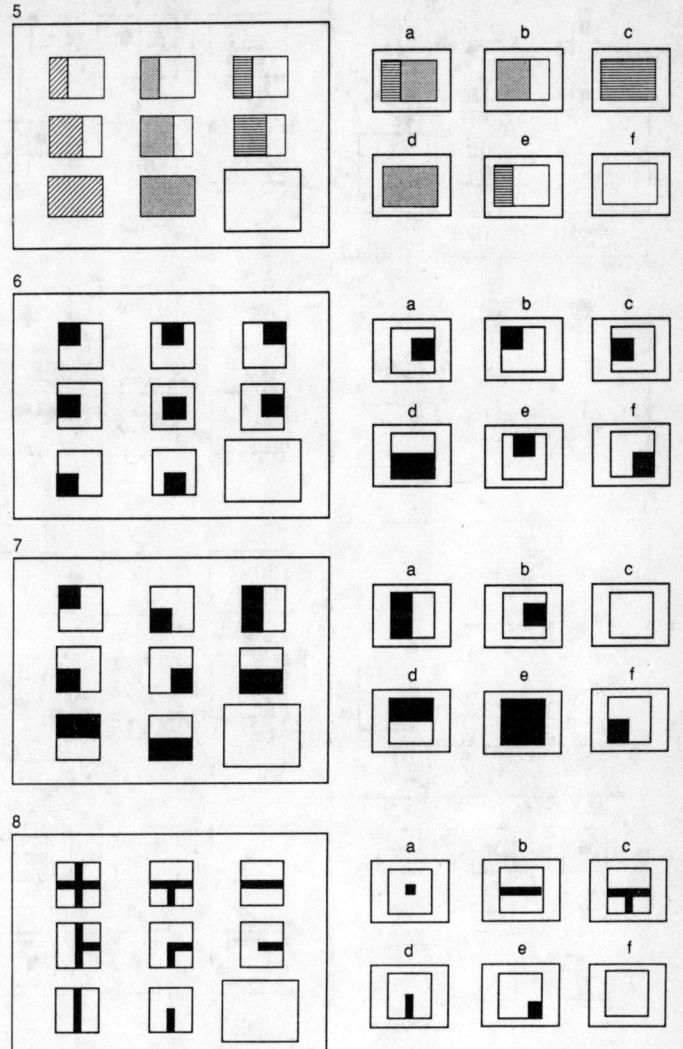

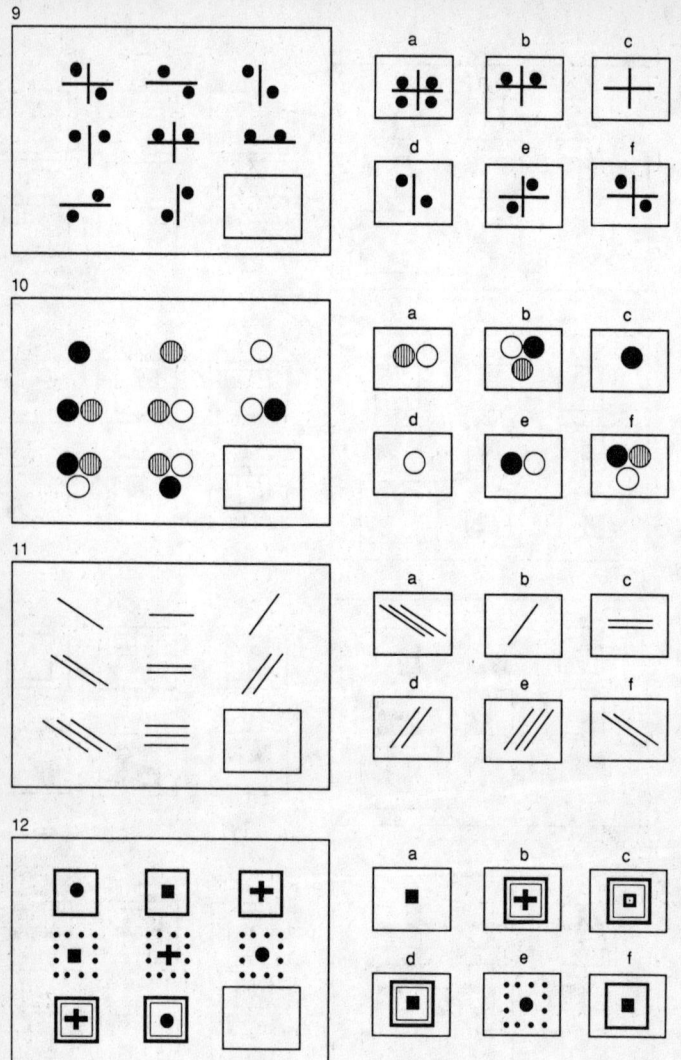

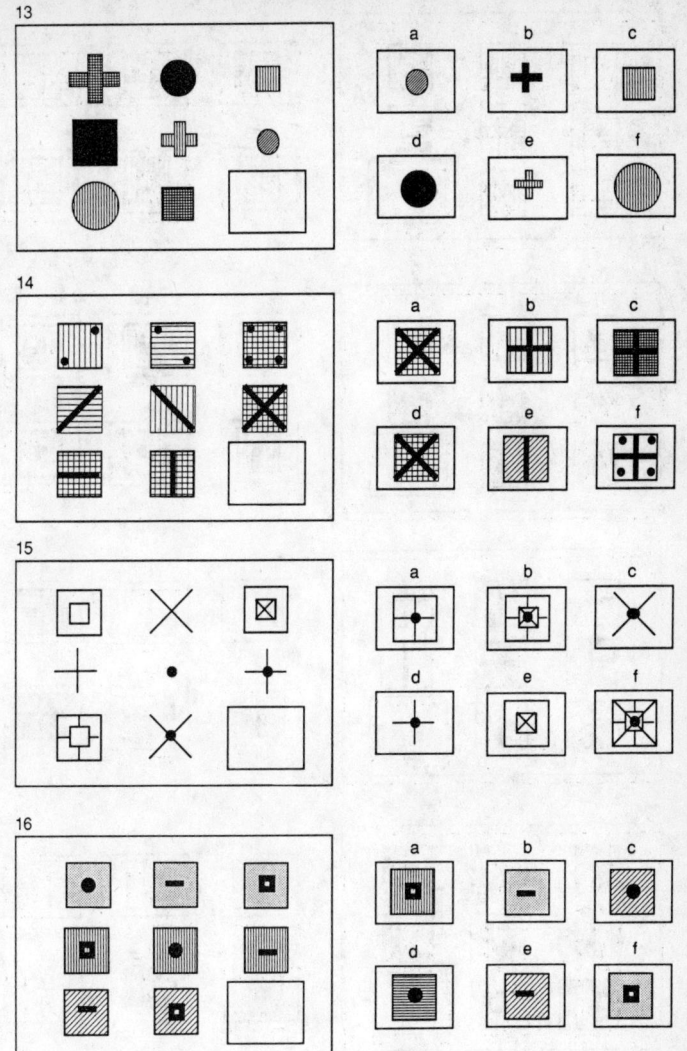

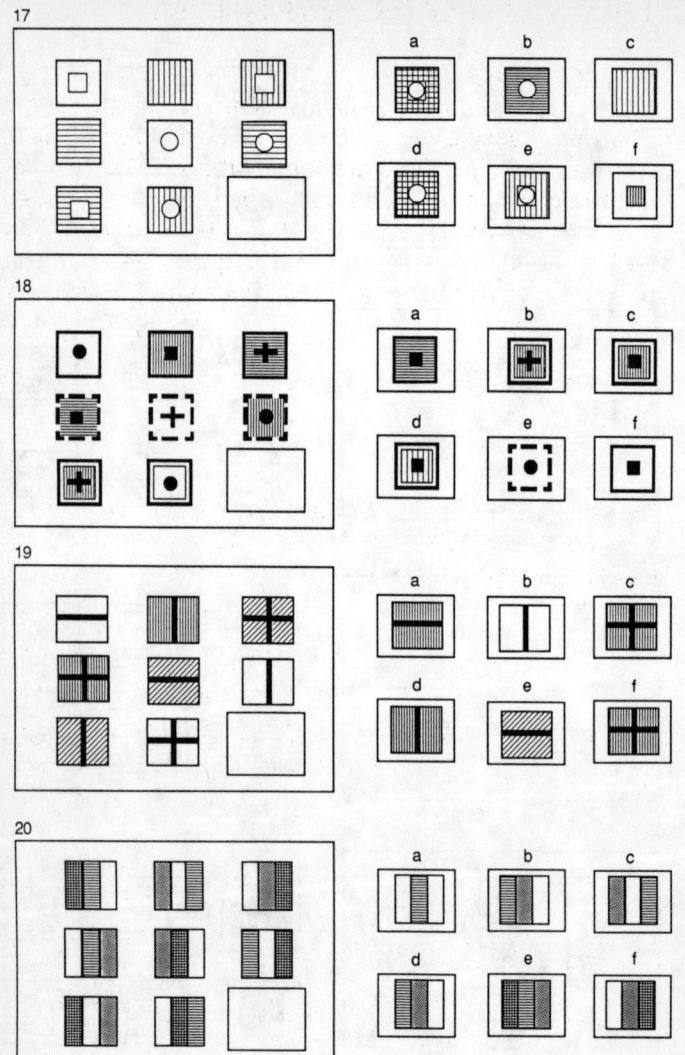

Test: Konzentration und Belastbarkeit

Erklärung:
Mit diesem Test soll geprüft werden, wie genau Sie bei Routineaufgaben arbeiten können. Es geht gleichzeitig um Ihre Schnelligkeit und Sorgfalt beim Arbeiten. Der Test besteht aus mehreren Buchstabenreihen, die nur aus den Buchstaben b und q bestehen. Über oder unter den Buchstaben befinden sich Striche. Ihre Aufgabe besteht darin, alle b's durchzustreichen, die zwei Striche haben. Dabei ist es egal, ob sich die Striche über oder unter dem b befinden.

Beispiele:

$$\overset{=}{b} \quad \underset{=}{b} \quad \overset{-}{b}$$

Nun sollen Sie in der folgenden Übungszeile jedes b mit zwei Strichen durchstreichen. Sie haben alles richtig gemacht, wenn Sie 7 b's durchgestrichen haben.

$$\overset{=}{b}\ \underset{=}{q}\ \underset{=}{b}\ \underset{=}{b}\ \overset{-}{q}\ \underset{=}{b}\ \underset{=}{q}\ b\ \overset{=}{q}\ \overset{-}{b}\ \underset{=}{b}\ q\ \overset{=}{b}\ \overset{-}{q}\ b\ \overset{-}{b}\ b\ \overset{=}{b}\ \underset{=}{q}\ b\ \overset{-}{q}\ \overset{-}{b}\ \underset{=}{q}\ \overset{=}{b}\ \overset{=}{b}$$

Wenn Sie die Aufgabenerklärung verstanden haben, fangen Sie bitte an. Für jede Zeile haben Sie 20 Sekunden Zeit.

Zur Auswertung des Konzentrationstests:

Zunächst wird die Gesamtmenge der bearbeiteten Zeichen ermittelt. Dazu zählen Sie für jede Zeile alle Zeichen bis zum letzten durchgestrichenen Zeichen aus und tragen das Ergebnis auf einem Notizzettel ein. Nachdem Sie die Werte für alle 14 Zeilen ermittelt haben, addieren Sie diese Zahlen und erhalten als Summe die Gesamtzahl der bearbeiteten Zeichen (GZ), die Ihre Leistungsmenge angibt.

Anschließend wird die Leistungsgüte, d. h. die Genauigkeit der Arbeitsweise festgestellt. Dazu zählen Sie für jede Zeile zunächst die Anzahl der Auslassungsfehler aus. Dieser Fehler tritt auf, wenn Sie vergessen haben, ein b mit 2 Strichen durchzustreichen.

Danach werden die Verwechslungsfehler ausgezählt. Dieser Fehler tritt auf, wenn Sie Buchstaben zuviel durchstreichen.

Wenn beide Fehlertypen zusammengezählt werden, erhält man die Gesamtzahl der Fehler (F). Der prozentuale Anteil der Fehler (F%) gibt die Leistungsgüte an. Dazu wird die Gesamtzahl der Fehler nach der Formel: $F\% = 100 \cdot F/GZ$ umgewandelt.

Wenn Sie die Gesamtzahl der Fehler von der Gesamtzahl der bearbeiteten Zeichen abziehen (GZ–F), erhalten Sie den Gesamttestwert, d. h. die Anzahl der richtig bearbeiteten Zeichen. Dieser Wert faßt die qualitative und quantitative Leistung zusammen und gibt Aufschluß über das Arbeitstempo und die Genauigkeit der Arbeitsweise bei dieser Konzentrationsaufgabe.

Leistungsmenge GZ =
Leistungsgüte F% =
Gesamttestwert GZ-F =

Damit Sie Ihre Leistung ungefähr einordnen können, hier eine grobe Orientierung: Ihre Leistung liegt im mittleren Bereich, wenn Sie einen Gesamttestwert (GZ-F) zwischen 300 und 450 richtig bearbeiteter Zeichen erzielen.

Für eine genaue Beurteilung der Leistung lesen Psychologen zu den verschiedenen Rohwerten die Normwerte aus einer Tabelle ab.

Lösungen

Test: Analogien bilden

---

1 d – **2** e – **3** c – **4** b – **5** b – **6** d – **7** c – **8** d
9 e – **10** d – **11** b – **12** a – **13** a – **14** a – **15** c – **16** c
17 d – **18** d – **19** a – **20** e

Test: Wortauswahl

---

1 e – **2** c – **3** d – **4** d – **5** e – **6** b – **7** c – **8** e
9 c – **10** e – **11** d – **12** e – **13** a – **14** d – **15** b – **16** b
17 e – **18** e – **19** c – **20** d

Test: Gemeinsamkeiten finden

---

1 df – **2** be – **3** bf – **4** ae – **5** ce – **6** be – **7** ac
8 ac – **9** cf – **10** ad – **11** bd – **12** af – **13** bd – **14** ce
15 cd – **16** ac – **17** be – **18** ad – **19** ab – **20** be

Test: Buchstaben sortieren

1S	–	**2**B	–	**3**R	–	**4**A	–	**5**S
6M	–	**7**S	–	**8**G	–	**9**S	–	**10**S
11M	–	**12**B	–	**13**M	–	**14**B	–	**15**W
16A	–	**17**P	–	**18**S	–	**19**S	–	**20**H
21S	–	**22**S	–	**23**S	–	**24**S	–	**25**R
26W	–	**27**W	–	**28**N	–	**29**T	–	**30**K
31R	–	**32**N	–	**33**L	–	**34**F	–	**35**K
36M	–	**37**K	–	**38**D	–	**39**S	–	**40**S
41B	–	**42**P	–	**43**S	–	**44**S	–	**45**F
46A	–	**47**T	–	**48**A	–	**49**B	–	**50**N

Test: Rechenaufgaben

1: 80 Kilometer – **2:** 12 Gläser – **3:** 24 Tage
4: 54 DM – **5:** 16 Tage – **6:** 2040 DM
7: 34 DM – **8:** 40 Prozent – **9:** 80 Pf
10: 20 Flaschen – **11:** 360 DM – **12:** 54 Gramm
13: 72 cm^2 – **14:** 24 – **15:** 500 Tonnen
16: 800 DM – **17:** 200 Kilometer – **18:** 24
19: 24 Meter – **20:** 56 Prozent

Test: Zahlenreihen fortsetzen

1.	$+2 \times 2 + 2 \times 2 \ldots$	46
2.	$\times 2 - 2 \times 2 - 2 \ldots$	20
3.	$+3 + 4 + 5 + 6 \ldots$	44
4.	$-1 + 2 - 1 + 3 - 1 + 4 \ldots$	7
5.	$-3 \times 3 - 3 \times 3 \ldots$	177
6.	$-1 + 2 - 3 + 4 - 5 \ldots$	1
7.	$-2 \times 2 - 3 \times 3 \ldots$	39
8.	$-2 \times 3 : 3 - 2 \times 3 : 3 \ldots$	8
9.	$+1 + 2 - 3 + 4 + 5 - 6 \ldots$	21
10.	$-3 \times 3 + 3 : 3 \ldots$	15
11.	$-6 \times 3 - 7 \times 3 \ldots$	39
12.	$+2 + 8 + 4 \ldots$	44
13.	$-2 + 2 - 2 + 3 - 2 + 4 \ldots$	9
14.	$: 3 \times 6 - 9 : 3 \times 6 - 9 \ldots$	15
15.	$-1 + 3 - 5 + 7 \ldots$	8
16.	$: 2 - 5 \times 4 \ldots$	38
17.	$+2 + 3 - 4 + 5 + 6 - 7 \ldots$	25
18.	$+1 + 1 + 2 + 3 + 5 + 8 \ldots$	36
19.	$: 2 + 5 : 3 + 6 : 4 + 7 \ldots$	2
20.	$-7 \times 3 - 8 \times 3 - 9 \times 3 \ldots$	134

Test: Schätzen

1 d – **2** e – **3** a – **4** b – **5** c – **6** e – **7** d – **8** b
9 a – **10** d – **11** b – **12** b – **13** a – **14** c – **15** d – **16** b
17 b – **18** e – **19** a – **20** b

Test: Würfelauswahl

1 b– **2** d– **3** a– **4** e– **5** c– **6** b– **7** c– **8** d
9 a – **10** b – **11** b – **12** a – **13** b – **14** d – **15** e – **16** a
17 c – **18** e – **19** d – **20** c

Test: Muster ergänzen

1 d– **2** d– **3** c– **4** b– **5** c– **6** f – **7** e– **8** a
9 e – **10** b – **11** e – **12** d – **13** b – **14** c – **15** b – **16** c
17 a – **18** c – **19** a – **20** d

Literaturverzeichnis

Boerner, K.: Das psychologische Gutachten. Beltz Verlag, Weinheim 1980

Brickenkamp, R.: Handbuch psychologischer und pädagogischer Tests. Verlag für Psychologie Dr. Hogrefe, Göttingen 1975

Grubitzsch, S., Rexilius, G.: Testtheorie – Testpraxis. Rowohlt 1978

Hiltmann, H.: Kompendium der psychodiagnostischen Tests. Bern: Huber, 1977

Kitzmann, A.: Assessment-Center: Personalauswahl und Personalführung. Bamberg: Bayerische Verlagsanstalt, 1988

Jeserich, W.: Mitarbeiter auswählen und fördern. Assessment-Center-Verfahren, Band 1 Handbuch der Weiterbildung für die Praxis in Wirtschaft und Verwaltung, München 1981

Lienert, G. A.: Testaufbau und Testanalyse. Weinheim, 1969

Rauchfleisch, U.: Testpsychologie. UTB 1063

Reichel, W.: Bewerbungsstrategien. Niederhausen/Ts.: Falken, 1989

Schmid, K. H.: Psychologische Testverfahren im Personalbereich. Köln: Müssener-Verlag, 1971

Sektion Arbeits-, Betriebs- und Organisationspsychologie im Berufsverband Deutscher Psychologen: Grundsätze für die Anwendung psychologischer Eignungsuntersuchungen in Wirtschaft und Verwaltung, 1988

Sachregister